Rita Steininger

Ihr seid alle so gemein!

Eltern lösen Konflikte mit Kindern

Inhalt

Einleitung

Im Lauf der Kindergartenzeit erwirbt ein Kind die emotionalen Schlüsselfertig-keiten, die sowohl für die Entwicklung seiner Persönlichkeit als auch für die Beziehungen zu anderen Menschen wichtig sind: Es lernt, seine Gefühle wahrzu-nehmen, zwischen verschiedenen Emotionen bei sich selbst und anderen zu un-terscheiden, sich in die Gefühle anderer hineinzuversetzen und negative Gefühle wie Wut oder Enttäuschung zu bewältigen. All diese Fähigkeiten erwirbt das Kind, indem es sich aktiv mit den Menschen seiner Umgebung ausei-nandersetzt. Konflikterfahrungen spielen für seine emotionale und soziale Entwicklung somit eine wichtige Rolle.

Konflikte eröffnen Lernchancen

■ Allerdings: Kaum jemand freut sich über einen Konflikt und begrüßt ihn als willkommene Möglichkeit, einvernehm-liche Lösungen auszuhandeln und das menschliche Mitei-nander konstruktiv zu gestalten. Die meisten Menschen emp-finden Konflikte eher als unbequeme Störungen, die ihrem Wunsch nach Harmonie zuwiderlaufen und deshalb mög-lichst zu meiden sind. Aus diesem Grund tun sich viele Eltern schwer, auf negative Gefühlsäußerungen ihrer Kinder wie Wut, Jähzorn und Aggressionen angemes-sen einzugehen.

Auch in der Gesellschaft werden Gefühlsausbrüche meist als störend empfunden. Mehr noch: Zeigt ein Kind Wut und Aggressionen, bricht es gar einen Streit vom Zaun, wird das in der Öffentlichkeit schnell als Er-ziehungsversagen gewertet: »Diese Eltern sind mit ihrem Kind überfordert.« Kein Wunder, wenn Eltern sehr darauf bedacht sind, Streitigkeiten und Auseinander-setzungen mit ihrem Nachwuchs möglichst schon im Ansatz zu unterbinden. Doch so versäumt das Kind wertvolle Lernerfahrungen im Umgang mit seinen Gefühlen.

Dieses Buch will Sie als Eltern ermutigen, Konflikte als Lernchancen zu begrei-fen – sowohl für Ihr Kind als auch für sich selbst. Ihr Kind verbessert durch Streit-erfahrungen zunehmend seine emotionalen und sozialen Kompetenzen, sei es in der Auseinandersetzung mit Ihnen, mit seinen Geschwistern oder mit seinen Spiel-gefährten und Freunden. Sie selbst können sich darin üben, Konflikte Ihres Kindes aufzufangen und in konstruktive Bahnen zu lenken. Wie schwierig das sein kann, haben Sie im Erziehungsalltag sicher schon oft erfahren.

In der Familie können Kinder in einem geschützten Raum soziale Kompetenzen erwerben

Welcher Erziehungsstil soll gelten?

■ Kinder können viele Register ziehen, wenn sie ihre Interessen gegen die der Eltern durchsetzen wollen: Sie quengeln und nörgeln, sie motzen und trotzen, sie zetern und schreien, sie drücken auf die Tränendrüse (»Ihr versteht mich überhaupt nicht!«) oder fahren verbale Geschütze auf (»Ihr seid so gemein!«). Fühlen sich Eltern von einem solchen Verhalten provoziert, reagieren sie nicht selten verärgert, vielleicht auch mal überzogen, und plagen sich im Nachhinein mit dem schlechten Gefühl, ihrer Vorbildrolle nicht gerecht geworden zu sein.

Versagensgefühle kennen sicher die meisten Eltern – auch und gerade die besonders engagierten. Viele Eltern wollen es heute anders machen als frühere Elterngenerationen – und zwar besser. Doch wie dieser andere, bessere Erziehungsstil aussehen soll, darüber herrscht Unsicherheit. Fest steht für die meisten nur, dass alte Methoden wie Schimpfen und Strafen, Belehren und Befehlen ausgedient haben. Doch auch die sogenannte antiautoritäre Erziehung birgt erfahrungsgemäß Nachteile. Dieser Erziehungsstil aus den Sechzigerjahren des vergangenen Jahrhunderts hatte das Ziel, Kinder ohne jeglichen Zwang, ohne Verbote und Grenzen, zu erziehen. Kritiker bemängelten daran, dass Kinder damit überfordert seien, die sozialen Regeln von allein zu erlernen, die ihnen von den Eltern nicht vermittelt würden.

Also doch zurück zu einer strengeren Erziehung? Bücher wie der Bestseller »Warum unsere Kinder Tyrannen werden« scheinen das nahezulegen: Ein partnerschaftlicher Erziehungsstil, so heißt es dort, komme einer Beziehungsstörung gleich, die verhindere, dass sich das Kind zu einem glücklichen Mitglied der Gesellschaft entwickeln könne. Eltern müssten sich dem Kind gegenüber stets deutlich abgrenzen.

Mehr Abgrenzung, mehr Strenge, mehr Autorität – ist das der Ausweg aus dem angeblichen Erziehungsnotstand unserer Zeit? Erkenntnisse der modernen Hirnforschung, die belegen, wie wichtig Zuwendung, Einfühlungsvermögen, Anerkennung und soziale Bindungen für ein Kind sind, lassen auch diesen Ansatz zu einseitig erscheinen.

Autoritativ erziehen

■ Pädagogen raten heute zum sogenannten autoritativen Erziehungsstil. Das bedeutet, einfühlsam und verständnisvoll auf das Kind einzugehen, ihm jedoch gleichzeitig klare Grenzen zu setzen. Dieser Erziehungsstil ist weder auf Über- und Unterordnung noch auf Gleichberechtigung ausgerichtet. Doch herrscht zwischen Eltern und Kindern eine offene Kommunikation: Alle dürfen ihre Meinung äußern und hören dem anderen zu. Bei Entscheidungen werden auch die Kinder ihrem Alter entsprechend miteinbezogen. Und das Wichtigste: Die Eltern begegnen ihren Kindern mit demselben Respekt, den sie auch Erwachsenen entgegenbringen. Dieser Erziehungsstil hilft Kindern, ein gutes Selbstwertgefühl zu entwickeln.

Wie eine solche Erziehung im Umgang mit Konflikten aussehen kann, erfahren Sie in den einzelnen Kapiteln dieses Buchs.

Respekt ist das A und O für ein liebevolles Eltern-Kind-Verhältnis.

Kinder lernen am Modell

■ Studien haben gezeigt, dass Jungen und Mädchen ihre Gefühle unterschiedlich ausdrücken: Jungen lassen zum Beispiel eher Ärger und Enttäuschung erkennen – Gefühle, die Eltern nicht immer gut annehmen können. Mädchen ihrerseits tun sich leichter, Traurigkeit mitzuteilen – ein Gefühl, mit dem Eltern wesentlich leichter umgehen können. Umso wichtiger ist es, sich bewusst zu machen, dass alle Gefühle ihren Sinn und ihre Berechtigung haben.

Als Eltern haben wir immer eine Vorbildfunktion. Wir sind für unsere Kinder die Menschen, mit denen sie sich identifizieren und an denen sie sich orientieren. Diese Modellfunktion beschränkt sich nicht nur auf äußerliche Dinge wie Kleidung, Umgangsformen und Manieren, sondern auf die gesamte Lebenseinstellung: unsere Wertvorstellungen, unser Menschenbild, unser Kommunikationsverhalten – und nicht zuletzt unseren Umgang mit Gefühlen (positiven wie negativen) und Konflikten. Der dänische Familientherapeut Jesper Juul sagt dazu:

»Eltern müssen wie Leuchttürme sein – also Vorbilder, die den Weg weisen, Signale geben, Grenzen und Gefahren aufzeigen, die zuverlässig und klar sind. Mit diesen Hilfen können Kinder lernen, wie man navigiert. <<<

Trotz, lass nach!

Das sogenannte Trotzalter – eine anstrengende Zeit

■ Die dreijährige Emily ist stolz, dass sie sich schon allein anziehen kann. Gerade macht sie sich fertig zum Rausgehen, denn heute steht ein Familienausflug auf dem Programm. Doch als sie in ihre Jacke schlüpfen will, greift ihr Papa ein: »Nicht diese Jacke, Emily, die ist doch viel zu warm für den Sommer! Hier ist die richtige. Komm, ich helfe dir beim Anziehen. Wir müssen uns beeilen, sonst fährt uns der Zug vor der Nase weg!« Da hat er die Rechnung ohne das Töchterchen gemacht. Emily macht sich steif wie ein Brett und als der Vater mit sanftem Druck nachhelfen will, bekommt sie einen Tobsuchtsanfall allererster Güte. Eine Viertelstunde später ist die Familie noch immer nicht aus dem Haus. Inzwischen steht fest: Der Zug wird ohne sie abfahren.

Was heißt hier Trotz?

■ Wenn alltägliche Abläufe wie Anziehen oder Einkaufen zur Nervenprobe werden, beginnt für Eltern und Kind eine anstrengende Zeit: die Trotzphase. So wird die Phase genannt, die bei den meisten Kindern im Alter zwischen ein und zwei Jahren anfängt und oft bis ins vierte Lebensjahr hinein andauert. Es ist die Zeit, in der sich das ehemals strahlende, zufriedene Kleinkind zum Widerstandskämpfer wandelt.

Allerdings ist der Begriff »Trotz« nicht gerade glücklich gewählt. Er unterstellt nämlich eine Absicht wider besseres Wissen, die ein Kind in diesem Alter noch gar nicht haben kann. Schon eher hat das Verhalten etwas mit Frust zu tun. Denn immer wieder macht das Kind im Alltag die Erfahrung, dass sich Dinge seinen Absichten widersetzen: Die Schublade geht nicht auf, der Turm aus Bauklötzen fällt um, der Schraubdeckel der Saftflasche lässt sich nicht drehen, der Reißverschluss der Jacke klemmt. Für das Kind immer wieder ein schmerzlicher Beweis, dass es Willen und Können noch nicht unter einen Hut bekommt. Und wenn es sich eine Fertigkeit nach langem, mühseligem Üben erarbeitet hat, werden seine Pläne mitunter dennoch durchkreuzt: Die Eltern wollen anders, als das Kind will – und sie sitzen am längeren Hebel, weil sie ihm taktisch und vom Können her überlegen sind.

Eine wichtige Entwicklungsphase

■ Noch fehlt einem Kind im Alter von zwei oder drei Jahren die Einsicht, dass es das Leben vorerst nicht ohne fremde Hilfe meistern kann. Deshalb empfin-

Hinter trotzigem Verhalten steckt nicht selten ein starker Wille.

det es elterliche Fürsorge (der Tee wird ihm eingeschenkt, das Bratenmesser wird ihm aus der Hand genommen) oft als Übergriff. Den Frust, der daraus entsteht, kann es nicht wegstecken, also hilft nur ein Wutanfall, um die angestauten Gefühle loszuwerden.

So gesehen erscheint das aufmüpfige Verhalten des Kindes plötzlich in einem anderen Licht. Statt von »Trotz« sprechen Experten deshalb auch von »kindlichem Unabhängigkeitsstreben«, von der »Autonomiephase« oder der »kleinen Pubertät«.

Wie auch immer, die Trotzphase ist ein wichtiger Schritt in der Entwicklung des Kindes. Sie gehört genauso dazu wie das Laufen- und Sprechenlernen.

Verständlich ist natürlich auch die Sicht der Eltern. Für sie werden banale Alltagsabläufe durch den Widerstand des Kindes jedes Mal zum Kraftakt. Doch so viel Energie das auch kosten mag, sie sollten sich in solchen Momenten bewusst machen, wie wichtig ein starker Wille für die Persönlichkeitsentwicklung des Kindes ist. Sie brauchen seine Abgrenzungsversuche jedenfalls nicht zu unterbinden. Die Zeiten sind vorbei, in denen man so etwas von einer »guten Erziehung« erwartete. Ein Kind, das trotzt, verhält sich weder ungezogen noch aggressiv. Es will sich nur darin bestätigt sehen, dass es ein eigenständiger kleiner Mensch mit einem eigenen Willen ist.

Tatsächlich ist das erste Nein für ein kleines Kind eine besondere Erfahrung. Plötzlich begreift es die Bedeutung dieses Wortes und versteht, welche Wirkung es damit erzielen kann: Es kann bevorstehende Ereignisse, mit denen es nicht einverstanden ist, unter Umständen mit diesem kleinen Zauberwort abwenden. Bewerten Sie daher die Trotzanfälle Ihres Kindes nicht als Störung. Das hilft Ihnen auch, sie leichter auszuhalten und ihnen durch eine behutsame Reaktion zumindest die Spitze zu nehmen, wenn Sie sie schon nicht verhindern können.

Erste Konflikte

Die Trotzphase wird manchmal sehr treffend als die Phase der ersten Konflikte bezeichnet. Tatsächlich haben es kleine Kinder mit zweierlei Konflikten zu tun: Entweder sie wollen etwas tun und können es noch nicht (mit Messer und Gabel essen, ein Legohaus bauen). Oder sie wollen etwas tun und dürfen es noch nicht (mit der Säge hantieren, ein Feuer anzünden). So machen sie immer wieder die schmerzliche Erfahrung, dass ihrem Willen Grenzen gesetzt sind.

Hilfe für den kleinen Trotzkopf

■ Was können Sie also tun, wenn der Akutfall eintritt? Soweit es möglich ist, lassen Sie Ihrem Nachwuchs seinen Willen. Das ist keineswegs ein Eingeständnis von Schwäche. Wenn Sie Ihrem Kind ein Glas Saft anbieten und es verlangt nach Kakao, spricht nichts dagegen, auf diesen Wunsch einzugehen (auch wenn klar ist, dass es Ihrem

Nachwuchs eher um die Abgrenzung als um das Getränk geht). Damit zeigen Sie Ihrem Kind, dass Sie seinen Willen respektieren. Ist es nicht möglich oder absolut nicht in Ihrem Sinn, dem Kind seinen Willen zu lassen, handeln Sie konsequent und eindeutig. Stellen Sie sich darauf ein, dass Ihr Kind schreien und toben wird, wenn Sie ihm das Feuerzeug aus der Hand nehmen oder Ihren teuren Schmuck wegsperren. Das müssen Sie aushalten. Sie sollten dabei, wenn möglich, ruhig und gelassen bleiben und auf wortreiche Erklärungen verzichten.

Bedenken Sie: Ihr Kind kann seinen Wutanfall nicht steuern. Es hilft daher nichts, wenn Sie es mit Strenge oder gutem Zureden probieren. Ihr Kind wird Ihre Bemühungen in seinem Gefühlsausbruch ohnehin kaum wahrnehmen. Sagen Sie sich also, dass der Tobsuchtsanfall irgendwann ein Ende haben wird, selbst wenn er zehn oder zwanzig Minuten oder länger dauert. Sie haben wenig Möglichkeiten, ihn zu stoppen – also können Sie ihn ebenso gut in Ruhe abwarten.

Natürlich müssen Sie Ihrem tobenden Kind deswegen nicht schweigend gegenüberstehen. Doch anstatt es zu beschwichtigen oder wortreich zurechtzuweisen, versuchen Sie, Verständnis für seine Lage zu zeigen: »Ich weiß, du ärgerst dich furchtbar, da musst du jetzt einfach schimpfen und schreien.«

Völlig unangebracht sind Strafen wie diese: »Du hast dich unmöglich benommen, also kriegst du jetzt kein Eis.« Auch Ignorieren und Belächeln sind keine geeigneten Mittel, um die Situation zu entschärfen. Das Kind fühlt sich dabei nur unverstanden und im Stich gelassen.

Die Qual der Wahl

■ Im Trotzalter wird Ihrem Kind erstmals bewusst: Wer Ziele hat, muss auch Entscheidungen treffen. Wählt man von zwei Dingen das eine, so muss man auf das andere – zumindest für den Moment – verzichten: Milch oder Kakao? Nudeln oder Pizza? Kleid oder Hose? Spielplatz oder Gartenschaukel?

Wer die Wahl hat, hat die Qual. Dieses Dilemma bereitet selbst uns Erwachsenen gewisse Schwierigkeiten, erst recht einem kleinen Kind, dem Verzichten ungleich schwerer fällt. Und je mehr Auswahlmöglichkeiten bestehen, desto größer wird der Verzicht.

Wenn Sie Ihrem Dreijährigen etwas anbieten, ist eine große Auswahl daher eher ungünstig: »Möchtest du Apfelsaft, Orangensaft oder Früchtetee – oder doch lieber ein Glas Milch?« Entscheidet sich Ihr Kind in diesem Fall für ein Getränk, muss es auf drei andere verzichten. Die Folge ist abzusehen: Das

Entscheiden will geübt sein

Im Alltag tauchen ständig Situationen auf, in denen eine Entscheidung zu treffen ist. Ihr Kind lernt das am leichtesten durch spielerisches Ausprobieren ohne Zwang und Zeitdruck. Stellen Sie ihm beispielsweise eine Kiste mit Kleidungsstücken zur Verfügung, aus der es sich bedienen und so oft es möchte umziehen kann.

Die Trotzphase ist ein wichtiger Schritt in der Entwicklung des Kindes

Kind wird nicht nur eine Ewigkeit brauchen, um seine Wahl zu treffen, sondern es sich vermutlich immer wieder anders überlegen. Das bedeutet unnötigen Stress für alle Beteiligten. Sehr leicht kann sich das Spielchen dann zu einem Machtkampf auswachsen, bei dem es dem Kind nicht mehr um die Entscheidung selbst geht, sondern um die Frage, wie weit es mit seinen Forderungen gehen kann.

Erleichtern Sie Ihrem Nachwuchs deshalb die Wahl. Es genügt vollauf, wenn Sie Ihr Angebot auf zwei Möglichkeiten beschränken: »Möchtest du Orangensaft oder Früchtetee?« Oder Sie machen ein Angebot ohne Wahlmöglichkeit: »Schau, hier ist Orangensaft für dich! Magst du ein Glas?« Falls Ihr Kind lieber Früchtetee will, wird es das schon sagen. Der Gedanke an Verzicht

wird ihm dabei wahrscheinlich gar nicht erst kommen.

Der Klassiker: Aufstand im Supermarkt

■ Dominik (drei Jahre) steht mit seiner Mutter vor der Supermarktkasse. Es ist Samstag, die Warteschlange ist lang. Während die Mutter die Waren aus dem Einkaufswagen auf das Laufband legt, entdeckt der Junge ein Regal mit Süßigkeiten. Er greift mit beiden Händen hinein und legt die Sachen zu den anderen Waren aufs Band. »Halt Dominik, das brauchen wir nicht. Bitte leg die Sachen wieder dahin, wo du sie herhast!« Der Junge denkt nicht daran. Also bringt die Mutter die Süßigkeiten selbst zurück. Die Reaktion ist fürchterlich: Dominik stampft mit den Füßen auf und

Schon kleine Kinder legen Wert darauf, selbstständig zu entscheiden.

11

Verlockende Angebote im Supermarkt sorgen oft für Konflikte

dennoch, sich von missbilligenden Blicken und Kommentaren nicht aus der Fassung bringen zu lassen. Es besteht auch kein Anlass, sich gegenüber den Umstehenden zu rechtfertigen. Das würde zum einen nichts nützen – wer lässt sich schon gern von einer vorgefertigten Meinung abbringen? Zum anderen würde es Ihren Stand unnötig erschweren. Denn es hieße, sich gleichzeitig mit dem Kind und den anderen Leuten auseinanderzusetzen. Besser Sie versuchen, Ihre Umgebung auszublenden und sich vorrangig auf das Kind und Ihre Einkäufe zu konzentrieren. Damit sind Sie genügend beansprucht.

stimmt ein Wutgeheul an, das der Mutter und allen Umstehenden durch Mark und Bein geht. Die Leute schütteln die Köpfe und sparen nicht mit Kommentaren: »Kleiner Tyrann!«, murmelt es hier, »Schlecht erzogen!«, raunt es dort. Die Mutter würde am liebsten im Boden versinken.

Und die Leute schauen zu

■ Es gibt wohl kaum eine Mutter oder einen Vater, denen ein Trotzanfall des Kindes in der Öffentlichkeit nicht peinlich wäre. Warum eigentlich? Weil sich die Eltern vor den Augen anderer bloßgestellt und in ihrer Erzieherrolle als Versager abgestempelt fühlen. Die üblichen Kommentare der Zuschauer scheinen genau das zu bestätigen.

Sicher ist es nicht leicht, gelassen zu bleiben, wenn ein Trotzanfall in der Öffentlichkeit passiert. Versuchen Sie

In der Öffentlichkeit empfinden viele Eltern einen Trotzanfall als Spießrutenlauf.

Wie helfe ich mir und meinem Kind?

■ An der Stelle von Dominiks Mutter würden Sie wahrscheinlich als Erstes überlegen: Soll ich nachgeben und die Süßigkeiten um des lieben Friedens willen doch kaufen? Tun Sie es besser nicht. Ein Kind muss lernen, dass es Grenzen gibt, dass es nicht alles bekommen kann, was es haben möchte.

Auch ein Kompromiss wäre eher ungeeignet, etwa in dem Sinn: »Einen Lutscher kannst du haben, die anderen legen wir ins Regal zurück.« Es ist schwierig, sich mit einem Kind zu arrangieren, das sich gerade in einen Wutanfall hineingesteigert hat. Außerdem würde das kleine Zornbündel sicher darauf bestehen, sich den Lutscher selbst auszusuchen – der pure Stress, wenn man eine ungeduldige Warteschlange hinter sich weiß!

Denken Sie daran, dass das Kind Sie nicht gezielt provozieren will. Es geht also nicht darum, Härte zu demonstrieren, um zu zeigen, wer hier der Stärkere ist. Es hilft auch nicht, das Kind zu schimpfen oder gar anzuschreien. Damit können Sie seinen Gefühlsausbruch nicht eindämmen, sondern nur steigern. Es sieht im Moment ja nur seinen brennenden Wunsch, der ihm nicht gewährt wird. Und sein Zorn darüber ist so übermächtig, dass es nur noch hilflos brüllen kann.

Wenn es Ihnen in der Stresssituation möglich ist, so viel Verständnis aufzubringen, wird es Ihnen leichter fallen, gelassen und eindeutig bei Ihrer Entscheidung zu bleiben: Die Süßigkeiten werden zurückgelegt. Es kann allerdings passieren, dass sich auch bei Ihnen der Zorn regt. Dann können Sie das kurz und klar und mit ruhiger Bestimmtheit formulieren: »Ich werde sauer, Dominik, wenn du hier so laut herumschreist. Das ist mir unangenehm!« Wenn der Anfall weitergeht, können Sie hinzufügen: »Ja, ich verstehe, dass du wütend bist, aber so geht das nicht!«

Eigene Gefühle zulassen

Stehen Sie zu Ihren Gefühlen, indem Sie sie authentisch äußern. Zwingen Sie sich nicht zu einem freundlichen, liebenswürdigen Ton, wenn das nicht Ihrer Gemütslage entspricht. Ihr Kind darf ruhig wissen, dass auch Eltern in Zorn geraten können – und dass sich dieser danach wieder legt. Wichtig ist nur, dass Sie Ihren Ärger nicht unmittelbar an Ihrem Kind auslassen.

Bleibt nur noch, den Einkauf zügig zu beenden, sich das kleine Zornbündel, wenn nötig, unter den Arm zu klemmen und den Supermarkt zu verlassen. Es wird Ihnen wahrscheinlich wie eine Erlösung vorkommen. Machen Sie trotzdem kein weiteres Aufheben um den Vorfall. Wenn Ihr Kind erlebt, dass es Sie durch einen Wutanfall aus der Fassung gebracht hat, könnte es ihn bei nächster Gelegenheit als Strategie einsetzen. Das wäre sicher nicht in Ihrem Sinn.

Lassen Sie sich von der Wut Ihres Kindes nicht anstecken.

Lästige Wartezeiten

■ »Warum dauert das so lang?«, »Sind wir bald dran?«, »Wann sind wir endlich da?« – diese Fragen kennen Eltern von kleinen Kindern nur zu gut. Sie tauchen zuverlässig überall da auf, wo Wartezeiten in Kauf zu nehmen sind: im Restaurant, im Wartezimmer, in einer Warteschlange, bei einer längeren Fahrt.

Warten ist unangenehm, das wissen auch wir Erwachsenen. Viele werden nervös und reizbar, wenn ihre Aktivitäten ins Stocken geraten und sie mit Wartezeiten konfrontiert sind. Und meistens ist ihnen das anzumerken: Sie trommeln mit den Fingern, schütteln den Kopf, seufzen vernehmlich und werfen immer wieder einen Blick auf die Uhr, um resigniert festzustellen, dass ihnen die Zeit davonläuft.

Kleine Kinder dagegen haben Zeit. Sie kennen keine Verpflichtungen, brauchen keine Termine einzuhalten. Trotzdem fällt ihnen das Warten noch schwerer als den Erwachsenen. Und sie

Komm, lass uns was spielen!

Die beste Vorbeugung gegen Langeweile beim Warten sind unterhaltsame Spiele, die keinen oder nur geringen (Material-)Aufwand erfordern.

Verrückte Figuren: Legen Sie vier Spielfiguren (oder Gummibärchen) nebeneinander auf den Tisch, zum Beispiel zwei blaue und zwei grüne oder zwei mit dem Kopf nach unten und zwei mit dem Kopf nach oben. Während Ihr Kind die Augen schließt, verändern Sie bei einer Figur die Position oder tauschen sie gegen eine andersfarbige aus. Findet Ihr Kind die Veränderung heraus?

Fingerbild: Ihr Kind dreht sich um und Sie zeichnen mit einem Finger eine Form (Sonne, Blume, Haus) auf seinen Rücken. Wenn es das Bild errät, werden die Rollen getauscht.

Summspiel: Ein Spieler summt leise die Melodie eines bekannten Liedes. Wenn der andere das Lied erraten hat, summt er mit und darf sich als Nächster eine Melodie ausdenken.

äußern ihren Unmut darüber wesentlich lauter: durch Quengeln, Weinen, Schimpfen, Schreien. Der Grund ist klar. Das Kind sieht seinen Bedürfnissen Grenzen gesetzt und begehrt dagegen auf. Wobei hier vor allem die Grundbedürfnisse gemeint sind: Hunger, Durst, Aufmerksamkeit, Bewegung und Ruhe. Unvermutete Wartezeiten zwingen ein Kind schon mal, solche Wünsche zurückzustellen – und ein zwei- oder dreijähriges ist dazu noch kaum in der Lage. Denn in diesem Alter muss ein Kind noch lernen, mit seinen Bedürfnissen umzugehen.

Geduld ist noch nicht die Stärke von Zwei- und Dreijährigen.

Wenn Sie Ihr Kind also zu einem Termin oder anderen Vorhaben mitnehmen, hilft es, im Voraus zu überlegen: Welche Bedürfnisse (Hunger, Durst, Müdigkeit, Langeweile) werden voraussichtlich auftreten und wie kann ich diese am besten auffangen? Mit einer guten Planung und Vorbereitung lassen sich Wartezeiten leichter überbrücken.

Trotzsituationen entschärfen

■ Nicht nur lästige Wartezeiten lassen sich mit kluger Voraussicht überbrücken. Auch gegen andere klassische Situationen, in denen kleine Kinder schnell unzufrieden werden und zu Trotzverhalten neigen, können Sie sich wappnen und die Lage zumindest teilweise entschärfen:

– Versuchen Sie, Termindruck aus Ihrem Alltagsleben zu nehmen. So müssen Sie Ihr Kind nicht ständig zur Eile drängen und haben weniger Grund zu der Befürchtung, dass plötzlich gar nichts mehr geht.

– Teilen Sie Ihrem Kind Programmänderungen im Tagesablauf rechtzeitig mit, damit es sich nicht überrumpelt fühlt.

– Überlegen Sie, in welchen Situationen Ihr Kind erfahrungsgemäß besonders leicht überreagiert, und vermeiden Sie diese Situationen so gut es geht. Wenn Ihr Kind vor allem im Kaufhaus oder bei Großeinkäufen ausrastet, weil es das Gedränge nicht gut verträgt, überlassen Sie es lieber der Obhut Ihres Partners

Zeit zum Plaudern

Untersuchungen haben gezeigt, dass Eltern kaum mit ihrem Nachwuchs sprechen, wenn sie mit ihm unterwegs sind. Sie schenken allen möglichen Dingen Aufmerksamkeit, nur nicht dem Kind, das neben ihnen herläuft. Und wenn sie es doch mal ansprechen, dann höchstens, um es zu ermahnen oder zu tadeln. Unter Stress und Zeitdruck ist ein solches Verhalten sicher verständlich. Andererseits bieten gerade die Wartezeiten eine wunderbare Gelegenheit, mit dem Kind ins Gespräch zu kommen. Nutzen Sie sie – es ist für beide Seiten ein Gewinn.

oder einer anderen Person und gehen Sie allein einkaufen.

– Haben Sie keine andere Wahl, als Ihr Kind zum Einkaufen mitzunehmen, geben Sie ihm eine Aufgabe, indem Sie es um seine Mithilfe bitten: »Magst du mir helfen, ein Paar schöne Socken für Papa auszusuchen?« Ihr Kind wird stolz darauf sein, dass es Ihnen mit Rat und Tat zur Seite stehen kann.

– Sollte sich trotz aller Umsicht erneut ein Trotzanfall ereignen, zeigen Sie Ihrem Kind einen Ausweg auf. Etwa so: »Wir wollten doch noch die Weihnachtskrippe im Schaufenster angucken. Wenn du dich ein wenig beruhigt hast, können wir losgehen.« Klar, dass hier auch ein kleines Ablenkungsmanöver im Spiel ist, doch das ist schon in Ordnung.

– Führen Sie sich immer wieder vor Augen, dass Ihr Kind nicht mit Ihnen kämpft, sondern mit sich selbst. Genauso wenig, wie Ihr Kind aus seiner Haut heraus kann, sind Sie an seinen Trotzanfällen schuld.

– Geteiltes Leid ist halbes Leid: Machen Sie zwischendurch Ihren Gefühlen Luft, zum Beispiel im Gespräch mit Ihrem Partner oder mit befreundeten Eltern, die vielleicht in einer ähnlichen Situation sind wie Sie. Das hilft, die Sache etwas lockerer zu nehmen.

– Und nicht zuletzt: Halten Sie durch! Die Autonomiephase wird über kurz oder lang ein Ende haben. Selbst bei den hartnäckigsten Trotzkindern kehrt nach ein paar Jahren wieder mehr Ruhe ein. <<<

Immer ruhig und ausgeglichen bleiben: Dieser Anspruch kann selbst die besten Eltern überfordern.

Reizklima Familie

Was Eltern und Kinder aneinandergeraten lässt

■ Michelle (fünf Jahre) kann ihren Teddybär nicht finden. Wo steckt der bloß? Ohne ihren Teddy geht sie nicht in den Kindergarten, das steht fest. Während die Kleine ihr Zimmer durchstöbert, tritt ihre Mutter im Flur nervös von einem Fuß auf den anderen. Sie muss pünktlich zur Arbeit kommen! Doch jeden Morgen dieselbe Trödelei: Mal kann sich Michelle nicht entscheiden, was sie anziehen will, mal braucht sie eine Ewigkeit, um sich die Zähne zu putzen. Und jetzt der Teddy. Macht ihr das eigentlich Spaß, den ganzen Betrieb aufzuhalten? »Nun komm schon, Michelle!«, drängt die Mutter, als ihre Tochter endlich mit dem Kuscheltier auftaucht und es seelenruhig in ihrem Rucksack verstaut. Als die Kleine endlich startbereit ist, fällt ihr ein, dass sie noch dringend aufs Klo muss. Die Mutter ringt nach Luft – gleich platzt ihr der Kragen!

Eltern haben berechtigte Interessen – Kinder auch

■ Schon das vorige Kapitel über die Trotzphase hat gezeigt, wie im Zusammenleben von Eltern und Kindern täglich zwei Welten aufeinanderprallen können: Auf der einen Seite die der Erwachsenen mit Terminzwängen und zahlreichen Verpflichtungen, auf der anderen die des Kindes, das ganz im Hier und Jetzt lebt und in erster Linie die eigenen Bedürfnisse sieht. Das Dilemma bahnt sich oft schon am frühen Morgen an, wenn für Mutter und Vater ein minutiös geplanter Tagesablauf beginnt, während das Kind offenbar alle Zeit der Welt für sich gepachtet hat. Klar, dass für die Eltern Disziplin und Ordnung einen hohen Stellenwert einnehmen, anders wären die Anforderungen des Alltags kaum zu bewältigen. Das Kind dagegen will Raum zum Spielen und Ausprobieren, Zeit, um sich und die Welt zu entdecken. So haben Eltern und Kinder zwar jeweils berechtigte, aber leider sehr gegensätzliche Interessen.

Überhaupt gibt es im familiären Zusammenleben eine Menge Themen, die fortwährend für Zündstoff sorgen und Eltern und Kinder aneinandergeraten lassen. Einige werden in diesem Kapitel zur Sprache kommen.

Immer diese Trödelei

■ Bleiben wir zunächst bei der Eingangsszene: Trödeln. Ein Thema, das in fast allen Familien für gereizte Stimmung sorgt. Oft haben Eltern den Eindruck, ihr Kind wolle sie mit seinem Verhalten absichtlich ärgern. In Wirklichkeit kann es für Trödelei ganz verschiedene Ursachen geben. Das eine Kind trödelt, weil es ein Morgenmuffel ist und nach dem Aufstehen nur langsam in die Gänge kommt. Ein anderes, weil es bestimmte Handgriffe, etwa beim Anziehen, noch nicht richtig be-

Wettlauf gegen die Sanduhr

Sehr zu empfehlen ist der Einsatz einer Sanduhr. Damit kommen kleine Trödler leichter in die Gänge. Natürlich eignet sie sich nur für Aufgaben, die das Kind in der Zeit, während der Sand durchläuft, bewältigen kann. Dafür kann das Kind während seiner Tätigkeit beobachten, wie die Zeit verrinnt. Das macht die Sache spannend. Und weil die Durchlaufzeit immer die gleiche ist, bekommt es schnell ein Gefühl dafür, wie lange etwa drei Minuten dauern – selbst wenn es die Uhr noch nicht kennt. Sagen Sie zum Beispiel: »Mal sehen, ob du dir die Jacke anziehen kannst, bevor der Sand durchgelaufen ist.« Dann geben Sie ein Startsignal und drehen die Sanduhr um.

herrscht oder sie in der vorgegebenen Zeit nicht bewältigen kann. Dies mag wiederum daran liegen, dass das Kind zu wenig Übung hat, weil ihm die Eltern solche Handgriffe zu oft abnehmen. Möglicherweise will ein Kind auch Hilfe von Mama oder Papa erzwingen und sich so von den Eltern Zuwendung holen. Oder es trödelt, weil es ein bestimmtes Ereignis hinauszögern, wenn möglich sogar verhindern will. Grundsätzlich sollte man wissen, dass Kinder erst im Schulalter ein echtes Zeitgefühl entwickeln. Bis dahin zählt für sie nur das Hier und Jetzt und sie lassen sich von allerlei Nebensächlichkeiten ablenken: Auf dem Weg zum Kleiderschrank entdeckt das Kind seine Lieblingspuppe – und schon ist es ins schönste Rollenspiel vertieft und hat das Anziehen völlig vergessen.

Trödeln ist also nicht gleich Trödeln. Sie sollten Ihr Kind genau beobachten und zunächst nach der möglichen Ursache forschen, wenn Sie erfolgreich Abhilfe schaffen wollen.

– Braucht Ihr Nachwuchs morgens länger, um auf Trab zu kommen, planen Sie mehr Zeit ein. Wecken Sie Ihr Kind frühzeitig und lassen Sie es schon eine Viertelstunde vor Aufbruch damit beginnen, Schuhe und Jacke anzuziehen. Dann hat es genug Zeit, um sich fertigzumachen.

– Falls Ihr Kind mit bestimmten Handgriffen noch Schwierigkeiten hat, lassen Sie es die Tätigkeit möglichst oft üben – nicht nur dann, wenn es auf jede Minute ankommt. Sonst greifen Sie womöglich ein und Ihr

Kinder leben ganz im Hier und Jetzt; sie haben noch alle Zeit der Welt.

Kind macht die Erfahrung: Wenn ich genügend trödle, nehmen mir Mama und Papa die Aufgabe ab. Damit würden Sie es aber zur Unselbstständigkeit erziehen.

– Lässt sich Ihr Nachwuchs allzu leicht von einer Aufgabe ablenken, veranstalten Sie einen Wettbewerb: »Mal sehen, wer von uns beiden schneller ist: du mit dem Zähneputzen oder ich mit dem Herrichten der Pausenbox!«

– Ist das Trödeln eine versteckte Bitte um mehr Zuwendung, überlegen Sie, wann Sie es – außerhalb der Trödelsituation – am besten einrichten können, Ihrem Kind die nötige Aufmerksamkeit zu schenken.

– Helfen Sie Ihrem Kind, ein Zeitgefühl zu entwickeln, damit es lernt, sich seine Zeit einzuteilen. Wenn es für eine Tätigkeit länger braucht als vorgesehen, muss etwas anderes eben ausfallen. Machen Sie Ihrem Kind aber deutlich, dass das keine Strafe ist, sondern nur eine notwendige Konsequenz, die auch Sie bedauern: »Es tut mir leid, dass du heute kein eigenes Spielzeug einpacken kannst, aber dafür ist jetzt keine Zeit mehr.«

Kleine Wettspiele sind für Kinder im Vorschulalter äußerst reizvoll.

Aufräumen? Fehlanzeige!

■ Im Kinderzimmer herrscht Chaos: Legosteine, Autos, Playmobil-Figuren, Puzzleteile, Malstifte und tausend andere Sachen liegen verstreut auf dem Boden herum. Für die Eltern immer wieder Grund, sich zu ärgern: Wer soll das bloß aufräumen? Nur das Kind scheint sich an dem wüsten Durcheinander kein bisschen zu stören.

Verpasste Gelegenheiten

Wer zu spät kommt, kann was verpassen. Diese Erfahrung muss ein Kind erst einmal machen, wenn zum Beispiel durch die Trödelei morgens keine Zeit mehr bleibt, sich von Mama einen Zopf flechten zu lassen oder auf dem Weg zum Kindergarten bei den Ponys auf der Weide vorbeizuschauen oder wenn der Morgenkreis in der Kita schon ohne einen begonnen hat.

Kein Wunder, denn Kinder haben ihre eigene Vorstellung von Ordnung. Was für die Eltern wie eine Müllhalde aussehen mag, ist für das Kind vielleicht eine Landschaft, in der jedes Teil seine Funktion und Bedeutung hat: Die Bauklötze türmen sich zu einem Gebirge auf. Die Buntstifteschachtel dient als Parkplatz für Spielzeugautos. Das grüne T-Shirt ist eine Wiese, auf der Kühe grasen. Und mittendurch schlängelt sich ein Flüsschen aus blauen Papierstreifen.

Für Erwachsene ist es kaum vorstellbar, dass sich ein Kind in einem derart unordentlichen Zimmer wohlfühlen kann. Dennoch ist vom Erbauer einer solch fantastischen Spiellandschaft nicht zu erwarten, dass er diese der Ordnungsliebe der Erwachsenen opfert und sie sofort wieder zerstört. Hier sollten die Eltern Entgegenkommen zeigen. Selbst wenn sich die Spielaktion über mehrere Tage hinzieht: Aufräumen hat hier keinen Vorrang. Schließlich hat das Kinderzimmer eine Tür zum Schließen!

Anders ist es bei den gemeinsamen Räumen der Familie. Hier sollte das

Kind lernen, die elterlichen Ansprüche zu akzeptieren: Im Wohnzimmer bestimmen die Großen, welche Ordnung herrscht. Das bedeutet unter anderem: Alle Dinge, die benutzt wurden, müssen wieder an ihren Platz zurückgebracht werden. Und zu einer festgelegten Zeit – sinnvollerweise am Abend – wird nochmals überprüft, ob alles aufgeräumt ist.

Im Kinderzimmer kann auf Dauer selbstverständlich auch nicht alles unaufgeräumt bleiben. Das gilt vor allem für Sachen, mit denen das Kind gar nicht mehr spielt. Hier sollten Sie Ihr Kind zur Ordnung anleiten.

– Helfen Sie Ihrem Kind beim Aufräumen seines Zimmers. Kinder im Vorschulalter sind mit dieser Aufgabe allein noch überfordert. Sie können Ihrem Nachwuchs aber eine bestimmte Teilaufgabe übertragen, zum Beispiel alle Bauklötze in die Kiste zu legen.

– Schaffen Sie Überblick: Sortieren Sie gemeinsam mit Ihrem Nachwuchs alte und kaputte Spielsachen aus. Räumen Sie Dinge, die in nächster Zeit nicht gebraucht werden, in den Keller.

– Machen Sie Ihrem Kind deutlich, wenn es Ihnen zu unordentlich ist. Angenommen, es bittet Sie zu einem Kaufladenspiel in sein Zimmer, in dem es mehrere Spielzeugkisten ausgekippt hat. Erklären Sie ihm, dass Sie das Zimmer nicht betreten

Entrümpeln schafft Raum und Überblick – das gilt auch fürs Kinderzimmer.

In der Familie muss man manchmal miteinander Ringen, um gute Lösungen zu finden

können, bevor der Fußboden nicht freigeräumt ist.

- Wenn das Chaos im Kinderzimmer überhandnimmt und Ihr Kind anfängt, seine Sachen in die übrigen Räume zu schleppen, machen Sie ihm klar, dass außerhalb seines Zimmers andere Ordnungsregeln gelten. Doch verbannen Sie Ihr Kind nicht aus Ihrem Aktionsbereich. Im Kindergartenalter spielen viele Kinder eben noch am liebsten in der Nähe der Eltern.

Ab in die Kiste

Beteiligt sich Ihr Kind nur widerwillig und halbherzig am Aufräumen, kann ein Karton oder eine Kiste Abhilfe schaffen. Sagen Sie Ihrem Nachwuchs: »Du räumst die Plastiktiere auf, während ich mich um die anderen Sachen kümmere. Alles, was du liegenlässt, packe ich in die Kiste. Du bekommst die Sachen dann erst in drei Tagen wieder.« Lässt Ihr Kind bestimmte Spielsachen immer wieder liegen, können Sie sie auch für längere Zeit wegsperren. An diesen Dingen ist Ihrem Nachwuchs vermutlich nicht so viel gelegen.

Der Frust mit dem Essen

■ Der dreijährige Adrian stöbert im Vorratsschrank und entdeckt eine Tafel Schokolade. Ratsch!, schon hat der Junge das Papier aufgerissen und einen Riegel im Mund verschwinden lassen. Die Mutter schüttelt missbilligend den Kopf. »Adrian, das Abendessen ist gleich fertig. Du kannst dich doch jetzt nicht mit Schokolade vollstopfen!« Den

Jungen interessiert das wenig. »Ich hab solchen Hunger, Mama!«, jammert er. »Du wirst wohl fünf Minuten warten können!«, erwidert sie und versucht, ihrem Sprössling die Schokolade zu entwinden. Adrians Protestgeschrei geht ihr durch Mark und Bein. Sie seufzt: »Also gut, ein Stückchen noch!« Als kurz darauf das Essen auf dem Tisch steht, geht das Drama weiter: »Iiiii, Gemüse! Das mag ich nicht! Ich will Nudeln mit Ketchup!« »Heute gibt es keine Nudeln, Adrian. Nun iss schon, du hast doch selber gesagt, du hast Hunger!« »Ich will was anderes!«, kreischt der Junge und schleudert seinen Löffel zu Boden. »Adrian, was soll das? Heb den Löffel bitte wieder auf!« Von wegen! Adrian springt wütend vom Kinderstuhl und stampft aus dem Zimmer.

Knatsch ums Essen: Auch das ist in vielen Familien an der Tagesordnung. Wenn es nach dem Kind ginge, müssten täglich Nudeln, Pommes und Hamburger auf den Tisch kommen. Von Kuchen und Schokolade gar nicht erst zu reden. Eltern dagegen legen Wert auf eine gesunde, ausgewogene Ernährung, die viel Obst und Gemüse enthält. Wozu das führen kann, wissen wir: Das Kind stochert missmutig auf seinem Teller herum und lässt die Gabel nach dem ersten Pflichthäppchen fallen. Was tun?

Grundsätzlich spricht nichts dagegen, dass Ihr Kind das isst, worauf es Lust hat. Zum Glück sind die Zeiten vorbei, in denen alles gegessen werden musste, was auf den Tisch kam. Zwingen Sie Ihr Kind nicht, sich bei einer Mahlzeit von allen Speisen zu bedienen, sondern lassen Sie es selbst aus-

Beim Thema Essen liegen die Vorstellungen von Eltern und Kindern oft weit auseinander.

wählen. Wenn es keinen Blumenkohl mag und nur beim Kartoffelpüree zugreift, akzeptieren Sie das. Damit droht Ihrem Kind noch lange kein Nährstoffmangel. Erst recht nicht, wenn Sie darauf achten, dass Sie die Speisen immer frisch zubereiten.

Lassen Sie sich auch nicht entmutigen, wenn Ihr Kind mal eine Mahlzeit komplett verweigert. Statt Druck auszuüben (»Wenn du jetzt nicht aufisst, musst du bis zum Abendessen hungern!«), bleiben Sie gelassen: »Schade, aber vielleicht ist ja beim Abendessen etwas dabei, das dir schmeckt!« In diesem Fall sollten Sie allerdings darauf achten, dass Ihr Kind nicht zwischendurch nach Süßigkeiten greift.

Beim Aufstellen des Speiseplans sollten auch die Vorlieben Ihres Kindes eine Rolle spielen. Lassen Sie Ihr Kind doch bei der Essensplanung ein Wörtchen mitreden. So stellen Sie sicher, dass bei den Mahlzeiten auch für seinen Geschmack etwas dabei ist.

Bei der Auswahl der Gerichte kann auch ein gutes Kinderkochbuch helfen, da es Ihnen und Ihrem Kind Anregungen für abwechslungsreiche Mahlzeiten bietet. Verfügt es über bebilderte Schritt-für-Schritt-Anleitungen können außerdem schon Vorschulkinder gut beim Kochen mithelfen. Achten Sie bei der Anschaffung darauf, dass die Rezepte gesund und ausgewogen und auf die Vorlieben von Kindern zugeschnitten sind.

Seien Sie konsequent, was den Konsum von Süßigkeiten betrifft: Vor den Hauptmahlzeiten sollten Ihrem Kind keine Schokolade, Kekse oder Bonbons

Ginge es nach vielen Kindern, gäbe es täglich Pommes zum Mittagessen

erlaubt sein. Allerdings sind kleine Leckereien natürlich nicht grundsätzlich tabu. Im Gegenteil, Sie können damit für kleine Obst- und Gemüseverächter einen Anreiz schaffen: »Wenn du dich

Kinder müssen nicht alles essen, was auf den Tisch kommt.

Das weckt den Appetit

Kinder essen am liebsten, was bunt und lustig aussieht. Machen Sie sich daher gelegentlich die Mühe, Obst und Gemüse hübsch anzurichten, etwa als lachendes Gesicht oder als Mandala. Oder Sie lassen rohe Gemüsescheiben zu einem Türmchen wachsen und stecken oben ein Papierfähnchen drauf. Auch der Name macht einen Unterschied. Was isst Ihr Kind wohl lieber: Möhreneintopf oder Häschenschmaus, Obstsalat oder Zauberwaldfrüchte?

vom Obstteller bedient hast, gibt es danach noch ein Stück Schokolade.« Lehnt Ihr Kind das Angebot ab, akzeptieren Sie das und lassen das Thema für diesmal auf sich beruhen. Vielleicht geht Ihr Kind ja beim nächsten Mal auf Ihren Vorschlag ein.

Schimpfen wie ein Rohrspatz

■ Die Eltern des dreijährigen Kevin erkennen ihr Kind nicht wieder. Seit der Junge im Kindergarten ist, wirft er mit Schimpfwörtern wie »doofe Ziege«, »dumme Gans« oder »Blödmann« nur so um sich. Und je mehr die Eltern dies unterbinden wollen, umso größeren Spaß scheint ihm die Sache zu machen.

Dreijährige wie Kevin kennen die Bedeutung vieler Schimpfwörter noch

gar nicht. Doch haben sie Kraftausdrücke erst einmal aufgeschnappt – was sich im Kindergarten kaum vermeiden lässt –, merken sie schnell, dass sie damit eine besondere Wirkung erzielen können. Kinder stehen gern im Mittelpunkt und finden es wunderbar, wenn sie bei den Großen Beachtung finden. Kraftausdrücke scheinen dafür wie geschaffen. Wer lauthals »Arschloch!« sagt, kann sich der Aufmerksamkeit der Erwachsenen sicher sein.

Schimpfwörter bieten Kindern aber auch die Möglichkeit, ihrem Ärger Ausdruck zu verleihen. Sie benutzen sie, um deutlich zu machen: Mir passt etwas nicht! So gesehen ist die Phase der Kraftausdrücke eine Übergangszeit in der Entwicklung, bis das Kind gelernt hat, sich mit sachlichen Formulierungen zu wehren.

Wenn Ihr Kind Schimpfwörter gebraucht, versuchen Sie, möglichst gelassen zu bleiben und kein großes Aufheben darum zu machen. Damit würden Sie sein Verhalten nur verstärken. Je stärker Sie reagieren, desto deutlicher zeigen Sie Ihrem Kind, dass Sie sich durch sein Verhalten reizen lassen, und desto mehr wird es versuchen, Sie aus der Reserve zu locken. Besser ist daher, Schimpfwörter so gut es geht zu ignorieren. Manche Kinder verlieren dann schon das Interesse.

Die meisten lassen allerdings nicht so schnell locker. In diesem Fall ist schon mal ein Hinweis angebracht, dass bestimmte Wörter nicht in Ordnung sind: »Ich finde es nicht okay, dass du deinen Freund einen Trottel nennst. Stell dir vor, er würde das zu dir sagen,

Schimpfen erlaubt

Besprechen Sie mit Ihrem Kind, welche Schimpfwörter besonders hässlich oder beleidigend sind und deshalb nicht (mehr) verwendet werden dürfen, zum Beispiel »blödes Schwein« oder »Arschloch«. Einigen Sie sich dann auf Schimpfwörter, die ersatzweise erlaubt sind, etwa »Blumenkohlbart« oder »Eierbär« – es dürfen ruhig unsinnige Ausdrücke sein, solange sie niemanden kränken. Rutscht Ihrem Kind trotzdem mal wieder ein verbotenes Wort heraus, so muss es dem Beschimpften einen Gefallen tun, zum Beispiel dessen Schuhe putzen oder den Abfalleimer leeren.

da wärst du doch bestimmt beleidigt!« Gebraucht Ihr Kind richtig schlimme oder vulgäre Kraftausdrücke, sagen Sie ihm klipp und klar, dass Sie dieses Verhalten nicht dulden: »Dieses Wort ist eine schlimme Beleidigung. Du darfst es auf keinen Fall sagen, denn damit kannst du jemandem sehr wehtun!«

Und was können Sie tun, wenn Ihr Kind einen Kraftausdruck gegen Sie verwendet, etwa um bei einer Auseinandersetzung seinen Willen durchzusetzen? In diesem Fall sollten Sie ihm deutlich machen: »So reden wir nicht miteinander. Wenn du etwas erreichen will, musst du es schon ohne Schimpfwörter probieren.«

Dabei sollten Sie allerdings mit gutem Beispiel vorangehen. Sie werden die Ausdrucksweise Ihres Kindes kaum bändigen können, wenn Sie selbst Kraftausdrücke verwenden oder sich abfällig über andere äußern. Gewiss kann selbst den besten Eltern im Zorn mal ein Schimpfwort herausrutschen. Dennoch sollten solche Wörter nicht zu Ihrem täglichen Sprachgebrauch gehören.

Faustdicke Lügen

■ »Papa, stell dir vor, ich hab Superman getroffen!«, ruft der vierjährige Tom aufgeregt, als sein Vater nach Hause kommt. »Der ist eben beim Fußballspielen aufgetaucht und hat gefragt, ob er mitspielen darf. ,Klar!', haben wir gesagt. Aber dann wollte er nicht mehr. Er ist bei den Nachbarn aufs Dach gestiegen und auf einmal war er weg!«

An Toms Geschichte ist natürlich kein Funken Wahrheit. Trotzdem kann sein Vater beruhigt sein: Der Junge hat ihn nicht vorsätzlich angeflunkert. Denn bis zum fünften Lebensjahr lügt ein Kind noch nicht bewusst. In seinem Kopf vermischen sich einfach Fantasie und Wirklichkeit – ein Kennzeichen der so-

Kinder, die lügen, dass sich die Balken biegen, können es trotzdem ehrlich meinen.

Die magische Phase

Im Lauf des dritten Lebensjahres beginnt für ein Kind die magische Phase, die seine Vorstellung stark beeinflusst. Alles, was das Kind denkt, fürchtet oder sich wünscht, könnte tatsächlich eintreten: Vor dem Fenster schwebt eine Fee, in der Badewanne lauert ein Krokodil, im Garten landet ein Raumschiff. Ganz klar, dass in dieser Vorstellung auch Monster, Hexen, Geister und Zauberer ihren Platz haben. Erst ab etwa fünf Jahren sind Kinder in der Lage, zwischen Fantasie und Wirklichkeit, Lüge und Wahrheit zu unterscheiden.

genannten magischen Phase. Das Kind glaubt, dass eine Geschichte wahr ist, wenn es nur nachdrücklich darauf beharrt. In diesem Fall sollten die Eltern nicht versuchen, ihm die Sache auszureden (»Auch wenn du es hundertmal behauptest, es wird dadurch nicht wahr!«), sondern die Geschichte ohne langen Kommentar zur Kenntnis nehmen.

Etwas anderes ist es, wenn Ihr Sechsjähriges mit einer Lügengeschichte daherkommt. Dann können Sie davon ausgehen, dass Absicht dahintersteckt. Sprechen Sie in diesem Fall mit Ihrem Nachwuchs und versuchen Sie, der Sache auf den Grund zu gehen. Möchte Ihr Kind mit seiner Flunkerei jemandem imponieren? Will es einen Fehler vertuschen? Oder steckt hinter seiner Lüge womöglich die Angst vor Strafe? Zeigen Sie Ihrem Kind, dass Sie seine Lüge durchschaut haben. Doch verzichten Sie darauf, es unter Druck zu setzen oder gar vor anderen bloßzustellen. Damit helfen Sie ihm nicht, es beim nächsten Mal besser zu machen.

Sie selbst sollten Ihrem Nachwuchs natürlich ein gutes Vorbild abgeben. Hand aufs Herz: Schmücken Sie nicht

Lügengeschichten erfinden

Helfen Sie Ihrem Kind, Lüge und Wahrheit zu unterscheiden, indem Sie ihm gelegentlich eine Lügengeschichte auftischen: Erzählen Sie ihm zum Beispiel, dass Sie heute mit einer Rakete nach Hause gedüst sind, um rechtzeitig das Mittagessen zu kochen.
Danach lassen Sie Ihren Nachwuchs raten, wie es wirklich war.

auch manchmal eine Erzählung aus, um in Gesellschaft für Unterhaltung zu sorgen, oder gebrauchen eine Notlüge, um sich vor einem unangenehmen Termin zu drücken? Dann dürfen Sie sich nicht wundern, wenn es auch Ihr Kind mit der Wahrheit nicht so genau nimmt.

Die Flimmerkiste läuft und läuft

■ Eva (sechs Jahre) sieht sich einen Kinderfilm an. Nach der Sendung soll sie den Fernseher ausschalten. Schade, sie würde gern noch ein bisschen länger gucken. Nur mal kurz in die nächste Sendung hineinspitzen, denkt Eva. Sie kuschelt sich ins Sofakissen und bleibt auf der Couch sitzen. Als die Mutter eine halbe Stunde später ins Zimmer tritt, muss sie zu ihrem Ärger feststellen, dass der Fernseher immer noch läuft ...

Fernsehen und Computer gehören heute ganz selbstverständlich zum Alltag eines Kindes dazu. Daran ist grundsätzlich nichts auszusetzen. Allerdings sorgt das Thema immer wieder für Reibereien zwischen Eltern und Kindern, die sehr unterschiedliche Vorstellungen von maßvollem Medienkonsum haben. Die meisten Kinder würden vermutlich einen Großteil des Tages vor dem Bildschirm verbringen, wenn die Eltern sie ließen.

Den Umgang mit Medien der Vernunft des Kindes zu überlassen, wäre daher ein Fehler. Kinder machen sich noch keine Gedanken um die schädlichen Auswirkungen von zu langen Fernseh- und Computerzeiten, zu denen Kon-

Fernseh- und Computerzeiten lassen sich besser begrenzen,
wenn die Geräte nicht im Kinderzimmer stehen

zentrations- und Gedächtnisschwierig-
keiten ebenso zählen wie Unruhe und
Schlafstörungen, von Bewegungsmangel ganz zu schweigen. Es liegt also an
den Eltern, für einen vernünftigen Medienkonsum zu sorgen, auch wenn es
Energie kosten mag, sich gegen den lau-
ten Protest des Kindes durchzusetzen.

Klare Absprachen sind dabei uner-
lässlich. Vereinbaren Sie mit Ihrem
Kind, welche Fernsehsendungen beziehungsweise Computerspiele erlaubt
sind und wie viel Zeit dafür täglich zur
Verfügung steht. Vierjährige sollten –
wenn überhaupt – nicht länger als 20
Minuten am Tag fernsehen, bei Sechs-
jährigen sollten es nicht mehr als 40 Minuten sein. Achten Sie darauf, dass Ihr
Kind sich an die Vereinbarung hält.
Schon aus diesem Grund gehören Fernseher und Computer nicht ins Kinderzimmer, denn dann wird die Kontrolle
schwierig. Ohnehin sollten Sie Ihr Vorschulkind beim Fernsehen nicht sich

Augen auf beim Kauf!

Nehmen Sie Computerspiele genau
unter die Lupe. Bevor Sie ein Programm
kaufen, testen Sie die Demo-Version,
lassen Sie sich im Fachhandel beraten
und tauschen Sie sich mit anderen
Eltern aus. So gehen Sie sicher, dass
die Software dem Alter und Entwicklungsstand Ihres Kindes entspricht.
Machen Sie ab und zu bei einem
Computerspiel mit. Ihr Kind und auch
Sie selbst werden Spaß daran haben;
obendrein ist es viel besser, als passiv
vor dem Fernseher zu sitzen.

**Lassen Sie Ihr
Vorschulkind nicht
unkontrolliert
fernsehen.**

selbst überlassen, sondern sich hin und wieder dazusetzen und ihm helfen, das Gesehene richtig einzuordnen. Doch auch dann werden Sie bei Ihrem Nachwuchs wohl öfter auf Widerstand stoßen, wenn es Zeit ist, den Apparat auszumachen. Seien Sie konsequent und lassen Sie sich vom Protest Ihres Kindes nicht erweichen.

Umgekehrt sollten Sie das Fernsehen oder den Computer nicht als Druckmittel einsetzen. Wenn Ihr Kind sein Zimmer nicht aufgeräumt hat, ist ein Fernsehverbot als Strafe nicht nur sinnlos, sondern macht das Fernsehen in seinen Augen nur noch verlockender.

Klar, dass Sie auch beim Thema Fernsehen mit gutem Beispiel vorangehen sollten. Lassen Sie sich Ihren Tagesablauf nicht vom Fernsehprogramm diktieren. Zappen Sie sich nicht durch die Programme, sondern schalten Sie den Fernseher nur für ausgewählte Sendungen ein und nach Ende der Sendung konsequent wieder aus.

TV-Zeiten splitten

Legen Sie eine kleine DVD-Sammlung schöner Kinderfilme an. So lassen sich die Fernsehzeiten portionieren. Wenn die vereinbarte Zeit um ist, weiß Ihr Kind: Morgen geht es an dieser Stelle weiter. Diese Vorgehensweise hat nicht nur den Vorteil, dass sich Ihr Kind das jeweilige Programm beliebig oft anschauen und den Inhalt dadurch besser verarbeiten kann. Sie können es auch ein Stückweit Ihrem Nachwuchs überlassen, die Fernsehzeit zu variieren. Denn wenn Ihr Kind an einem Tag ein paar Minuten länger gucken möchte, ist der zweite Teil der Sendung dafür am nächsten Tag entsprechend kürzer. Das kann Ihnen und Ihrem Kind manche Diskussion ersparen.

Jetzt leg dich endlich hin und schlaf!

■ Jeden Abend dasselbe Theater: Kaum haben Mama oder Papa die vierjährige Janina ins Bett gebracht, ihr eine Gutenachtgeschichte vorgelesen und das Licht ausgeschaltet, schon steht die Kleine wieder auf der Matte. Mal will sie was zu trinken, mal hat sie Hunger, mal stört sie das Surren einer Mücke, dann fürchtet sie sich vor Gespenstern. Ein entspannter Abend zu zweit – davon können die Eltern nur noch träumen. Wann wird dieses Nervenspiel ein Ende haben?

Kinder können ausgesprochen einfallsreich sein, wenn es darum geht, den Tag um ein paar Minuten zu verlängern. Doch in den seltensten Fällen steckt Schikane dahinter, wenn ein Kind zur Schlafenszeit ständig zwischen Kinderzimmer und Wohnzimmer hin- und herpendelt.

Oft sind es diffuse Ängste, die Kinder vom Schlaf abhalten. Gerade in der magischen Phase (siehe Seite 23), in der sie kaum zwischen Fantasie und Wirklichkeit unterscheiden können, fürchten sie sich in der Dunkelheit häufig vor Hexen, Gespenstern oder Räubern. Bei sensiblen Kindern kann es auch sein, dass sie (vor allem negative) Geschehnisse des Tages nicht verarbeitet haben. Manchmal können kommende Ereignisse das Kind am Ein-

Keine Verzögerungstaktik

Manche Kinder wollen den Tag einfach nicht beenden und probieren mit allen Tricks, den Zeitpunkt des Schlafengehens hinauszuzögern. Sie ignorieren ihre Müdigkeit und werden dabei immer gereizter, weinerlicher oder gar aggressiver. Liegen sie endlich im Bett, schlafen sie meist ohne Probleme ein. In solchen Fällen ist ein klares Schlusswort der Eltern meist die einzig sinnvolle Lösung, besser als jeder wortreiche Versuch, an die Einsicht des Kindes zu appellieren. Kompromisse sind zwar nicht grundsätzlich ausgeschlossen, doch sollte es stets eine klare Ansage für die Bettgehzeit geben, zum Beispiel »wenn der große Uhrzeiger nach unten zeigt«.

schlafen hindern, zum Beispiel ein bevorstehender Krankenhausaufenthalt oder der erste Schultag.

Vermeiden Sie deshalb abends jede Aufregung, die das Kind zusätzlich in Unruhe versetzen könnte. Viele Kinder können zum Beispiel nicht einschlafen, wenn sie vorher einen Streit der Eltern miterlebt haben, auch wenn es sich vielleicht um eine völlig harmlose Meinungsverschiedenheit handelte.

Abendrituale erleichtern das Einschlafen

■ Am besten lassen Sie den Tag mit einem ruhigen Zubettgeh-Ritual ausklingen, das möglichst immer gleich abläuft und auch zeitlich nicht zu sehr variiert. Viele Kinder versuchen immer mal wieder, das Abendritual auszudehnen, indem sie um »noch ein Küsschen, noch einen Schluck Wasser, noch eine kleine Geschichte ...« betteln. Dahinter steckt der verständliche Wunsch nach möglichst viel elterlicher Zuwendung. Lassen Sie sich darauf nicht ein. Bleiben Sie höchstens nach der Gutenachtgeschichte noch eine Weile am Bettrand sitzen, das vermittelt Ihrem Kind ebenfalls Nähe und Sicherheit. Oft kann auch ein kleines Nachtlicht im Zimmer beruhigend wirken. <<<

Ich kann nicht schlaaaafen!

Auf Verzögerungstaktiken zur Schlafenszeit sollten sich Eltern möglichst nicht einlassen.

27

Grenzen setzen – aber wie?

Vom Umgang mit den täglichen Reibereien

Eine klassische Konfliktsituation: Die Mutter telefoniert, das Kind funkt dazwischen.

■ Mario (vier Jahre) zappelt vor Ungeduld. Schon eine ganze Weile hängt seine Mutter am Telefon. Dabei hatte sie doch versprochen, mit ihm zum Spielplatz zu gehen. Immer wieder versucht der Junge, ihre Aufmerksamkeit zu gewinnen. Mal zerrt er an ihrem Pulli, mal versucht er sie vom Stuhl zu schubsen, mal kreischt er ihr die Ohren voll. Die Mutter telefoniert scheinbar ungerührt weiter, doch ihr Gesicht färbt sich verdächtig rot. Irgendwann wird es Mario zu dumm. »Dann geh ich eben allein zum Spielplatz«, schreit er und läuft zur Tür hinaus. Noch bevor er das Gartentor erreicht, hat ihn die Mutter eingeholt. »Was fällt dir ein, dich so aufzuführen und dann auch noch wegzulaufen? Du gehst jetzt sofort auf dein Zimmer. Den Spielplatz kannst du vergessen, ich hab mich heute genug über dich geärgert!« Als Mario zu weinen beginnt, bekommt sie ein schlechtes Gewissen; sie weiß ja, warum sich der Junge so unmöglich aufgeführt hat. »Na gut«, seufzt sie, »aber das nächste Mal lässt du mich in Ruhe fertigtelefonieren, okay?«

Durchgreifen oder nachgeben?

■ Was hilft eher: Strenge oder Nachgiebigkeit? Diese Frage stellt sich im Familienalltag ständig. Und jeder Erziehende weiß: Beide Möglichkeiten haben ihre Tücken. Strenges Durchgreifen ist oft gleichbedeutend mit Strafen (siehe Seite 35). Es erzeugt Frust und fordert oft erst recht den Widerstand des Kindes heraus.

Andererseits nützt es nichts, einer Auseinandersetzung auszuweichen und gute Miene zum bösen Spiel zu machen. Damit ist der Konflikt nur auf einen späteren Zeitpunkt vertagt – und der wird unweigerlich kommen. Das Kind wird einen neuen Anlauf nehmen, um die Eltern zu einem eindeutigen Erziehungsverhalten zu provozieren (genau das will es mit seinem Verhalten nämlich meist bezwecken). In vielen Fällen hilft da nur eines: klare Verhältnisse schaffen, indem man klare Absprachen trifft, an die sich alle halten.

Regeln setzen Grenzen – und schaffen Spielräume

■ Egal, um welche Alltagsabläufe es geht – ob Essen, Aufräumen, Fernseh- oder Schlafenszeiten: Regeln und Absprachen sind für alle Beteiligten eine Hilfe, auch für die Eltern. Wenn sich Schimpfen und Wiedergutmachen im Verhalten der Eltern ständig abwechseln, haben sie vermutlich zu wenig Absprachen mit ihren Kindern getroffen. Kinder müssen wissen, woran sie sind. Dann brauchen sie nicht ständig ihre Grenzen auszuloten. Regeln geben ihnen Halt und Orientierung. Sie schaffen aber auch Spielraum, so paradox das klingen mag. Denn wenn die Grenzen des Erlaubten klar gezogen sind, steht für das Kind ein Raum zum Ausprobieren zur Verfügung. Stößt es an eine Grenze oder übertritt sie, erlebt es, wie seine Handlungen Reaktionen hervorrufen. So lernt es, sich in einem geschützten Rahmen sicher zu bewegen und zwischen erwünschtem und unerwünschtem Verhalten zu unterscheiden.

Welche Regeln sollen gelten?

■ Wenn Sie mit Ihrem Kind Absprachen treffen, achten Sie darauf, dass sie seinem Alter und Entwicklungsstand entsprechen. Sie dürfen Ihr Kind nicht überfordern. Am besten führen Sie zunächst nur zwei, drei einfache Regeln ein und erweitern die Anzahl dann

Keine Scheu vor Regeln!

Haben Sie Ihrem Kind und seinen Freunden schon einmal dabei zugehört, wie sie sich vor einem Spiel über die Regeln einigen? Dann ist Ihnen sicher aufgefallen, wie genau sie es damit nehmen. Kinder lehnen Regeln keineswegs ab. Das merkt man nicht zuletzt daran, dass sie Regelwidrigkeiten von Erwachsenen – etwa im Straßenverkehr – genau beobachten und sofort beanstanden. Scheuen Sie sich deshalb nicht, Regeln aufzustellen. Sie legen Ihrem Kind damit keine Zwänge auf.

nach und nach. Dabei muss allerdings jede Familie ihre individuellen, auf die eigenen Bedürfnisse zugeschnittenen Regeln finden. Es bringt nichts, einfach Regeln aus anderen Familien zu übernehmen, die einem selbst vielleicht gar nicht so wichtig sind. Außerdem sollten die Regeln verständlich formuliert sein, damit Ihr Kind genau weiß, was es zu tun hat. Fragen Sie es ruhig ab und zu danach und lassen Sie die Regeln von ihm wiederholen. Sinnvolle Absprachen können so aussehen:

Essen: »Gegessen wird nur das, was auf dem Tisch steht, es gibt keine Extrawünsche. Du darfst aber selber auswählen und bestimmen, wie viel oder wenig du essen möchtest.«

Tischmanieren: »Beim Essen bleiben wir am Tisch sitzen, bis alle fertig sind.«

Aufräumen: »Dinge, mit denen du nicht mehr spielen möchtest, räumst du an ihren Platz.«

Trödeln: »Zum Kleideraussuchen lassen wir morgens die Sanduhr laufen. Wenn du dich in dieser Zeit nicht ent-

Regeln setzen Kindern nicht nur Grenzen, sondern geben ihnen auch Halt.

scheiden kannst, wähle ich etwas für dich aus.«

Fernsehen: »Du schaltest den Fernseher nur mit meiner Erlaubnis ein. Wir entscheiden zusammen, was du anschauen darfst. Wenn die Sendung vorbei ist, machst du den Fernseher aus.«

Schlafenszeiten: »Nach der Gutenachtgeschichte wird das Licht ausgeschaltet. Dann bleibst du in deinem Zimmer und versuchst zu schlafen.«

Umgangston: »Wir reden freundlich miteinander. Wir schreien uns nicht an und benutzen keine Schimpfwörter.«

Formulieren Sie Regeln und Absprachen immer so, dass Ihr Kind sie verstehen kann.

Rituale helfen, Regeln einzuhalten

Manche Regel lässt sich im Familienalltag mit einem Ritual verbinden und ist so leichter einzuhalten. Wie wäre es zum Beispiel mit folgendem Ritual zum Abendessen: Nach der Mahlzeit berichtet jeder von einem Erlebnis des Tages (es kann auch eine kleine Geschichte oder ein »Witz des Tages« sein). Wer zuerst mit dem Essen fertig ist, darf anfangen. So kommt das Kind nicht so leicht in die Versuchung, vorzeitig vom Tisch aufzustehen. Außerdem belebt das Ritual den Austausch in der Familie.

Und wenn das Kind sich nicht daran hält?

■ Geben Sie Ihrem Kind ruhig einen Vertrauensvorschuss. »Ich bin sicher, du schaffst das!« – mit einem solchen Satz stärken Sie seine Bereitschaft zur Kooperation und geben ihm Rückenwind für die Entwicklung seiner Selbstachtung und Selbstständigkeit.

Wenn Ihr Kind dennoch gelegentlich eine Regel verletzt, machen Sie daraus kein Drama. Denken Sie daran, dass es ohne solche Überschreitungen nicht Ihre und seine Grenzen kennenlernen kann. Weisen Sie es jedoch unmissverständlich auf den Regelverstoß hin und verbinden Sie Ihren Hinweis mit einer klaren Anweisung: »Die vereinbarte Fernsehzeit ist um, ich möchte, dass du den Fernseher jetzt ausschaltest!«

Vielleicht bezweifeln Sie ja, dass Ihr Kind der Aufforderung Folge leisten wird. Hier gibt es ein wirksames Mittel, um Worten die nötige Deutlichkeit zu verleihen: Gehen Sie auf Augenhöhe mit Ihrem Kind, fassen Sie es an den Händen oder bei den Schultern. Damit setzen Sie Grenzen, denn Sie signalisieren Ihrem Kind: Ich befasse mich jetzt nur mit dir, mit nichts und niemandem sonst. So kommen Ihre Worte besser an.

Kinder lernen aus den Folgen

■ Doch was tun, wenn das Kind einfach nicht auf Sie hören will? Dann ist es wichtig, dass es die Konsequenzen seines Handelns erfährt. Kommen wir zurück auf die Frage: Durchgreifen oder nachgeben? Manche Eltern neigen dazu, ständig zwischen beiden Polen hin und her zu pendeln: Mal reagieren sie auf ein unliebsames Verhalten des Kindes mit Schimpfen und Strafen, dann tut ihnen ihre Strenge wieder leid und sie lassen ihrem Nachwuchs alles durchgehen. Ein möglicher Ausweg aus diesem Dilemma lautet: Das Kind aus den Folgen lernen lassen.

Feste Regeln, wie etwa zum Fernsehkonsum, erleichtern den Familienalltag

Dabei gibt es einen Unterschied zwischen natürlichen und logischen Folgen. Natürliche Folgen sind solche, die sich von selber, also ohne Zutun einer anderen Person, einstellen: Wenn ein Kind sein Spielzeug kaputt macht, hat es nichts mehr zum Spielen. Wenn es zu schnell läuft und hinfällt, tut es sich weh. Wenn es auf dem Stuhl herumturnt, kann es herunterfallen. Aus solchen Folgen lernt ein Kind sehr schnell, ohne dass die Eltern schimpfen müssen. Manchmal ist es angebracht, das Kind vorher auf die mögliche Konsequenz hinzuweisen: »Wenn du auf dem Stuhl herumturnst, kannst du runterfallen und dir weh tun.« Tritt der Fall tatsächlich ein, ist es nicht nötig, dem Kind Vorhaltungen zu machen. Es lernt unmittelbar aus den Folgen seines Verhaltens und bekommt obendrein die Bestätigung, dass es seinen Eltern vertrauen kann. Der warnende Hinweis war kein willkürliches Verbot.

Natürliche Folgen haben allerdings ihre Grenzen, und zwar da, wo ernsthafte Gefahren drohen: Wenn ein Kind auf die Straße rennen will, sollten die Eltern tunlichst verhindern, dass es aus den Folgen lernt.

Natürliche Folgen helfen Kindern, aus Erfahrungen zu lernen.

Was sind logische Folgen?

■ Logische Folgen sind etwas komplizierter. Denn im Gegensatz zu natürlichen Folgen sind sie bewusst herbeigeführt und erfordern deshalb ein überlegtes Vorgehen.

Angenommen, Ihre fünfjährige Tochter trödelt jeden Tag beim Anziehen.

Zulassen heißt nicht nachgeben

Was ist der Unterschied zwischen nachgeben und natürliche Folgen zulassen? Wenn Eltern mit ihrem Kind eine Absprache treffen (»Wir bleiben alle am Tisch sitzen, bis jeder mit dem Essen fertig ist!«) und dann einfach zusehen, wie ihr Kind gegen die Regel verstößt, geben sie nach. Dem Kind signalisieren sie damit: »Wir rechnen sowieso nicht mit deiner Kooperationsbereitschaft« – keine gute Rückmeldung für sein Selbstwertgefühl!

Weisen die Eltern ihr Kind dagegen auf eine mögliche natürliche Folge hin (»Wenn du mit diesen Schuhen zu schnell läufst, kannst du hinfallen und dir weh tun!«) und warten dann ohne einzugreifen ab, was weiter geschieht, signalisieren sie ihrem Kind: »Du kannst selber entscheiden, ob du den Hinweis befolgst oder nicht« – ein schönes Zugeständnis an seine wachsende Eigenständigkeit!

Logische Folgen sind bewusst herbeigeführt und setzen deshalb etwas Überlegung voraus.

Dann haben Sie natürlich die Möglichkeit, ihr die Aufgabe abzunehmen. Diese logische Folge wäre jedoch ein Schuss nach hinten, denn Ihr Kind lernt daraus: Wenn ich mich nicht selber anziehe, macht Mama das. Das dürfte sicher nicht Ihr Ziel sein. Wesentlich sinnvoller ist die Konsequenz: Wenn ich mit dem Anziehen nicht rechtzeitig fertig werde, bringt mich Mama trotzdem pünktlich in den Kindergarten. Diese Möglichkeit kommt als logische Konsequenz allerdings nur in Betracht, wenn das Kind sich auf dem Weg zum Kindergarten noch fertig anziehen kann, beispielsweise im Auto. Auf keinen Fall darf es passieren, dass Ihr Nachwuchs im Schlafanzug vor einer spottenden Kindergruppe steht und sich verlacht und bloßgestellt fühlt. Schon gar nicht dürfen Eltern eine solche Situation mit der Begründung rechtfertigen: Daran ist das Kind selber schuld. Denn der Sinn von logischen Folgen besteht nicht darin, das Kind für einen Fehler zu bestrafen. Vielmehr geht es darum, es zu verantwortlichem Handeln anzuleiten.

Kennzeichen von sinnvollen Konsequenzen

■ Bei oberflächlicher Betrachtung sehen logische Folgen einer Bestrafung manchmal zum Verwechseln ähnlich. Schließlich werden sie genauso von den Eltern »verhängt« wie Fernsehverbot oder Taschengeldentzug. Dennoch gibt es einen wesentlichen Unterschied: Logische Folgen stehen in unmittelbarem Zusammenhang und in angemessenem Verhältnis zum (Fehl-)Verhalten des Kindes.

Hier noch einige Beispiele, die zeigen, worin der Unterschied zwischen Bestrafen, Nachgeben und sinnvollen logischen Konsequenzen besteht:

Strafe ist keine logische Konsequenz

Wenn Sie Ihrem Kind Fernsehverbot erteilen, weil es morgens zu sehr getrödelt hat und Sie deswegen zu spät zur Arbeit kamen, ist das keine logische Folge, denn diese Konsequenz steht in keinem nachvollziehbaren Zusammenhang zum Verhalten Ihres Kindes.

Beispiel 1: Sabrina (vier Jahre) läuft mit schmutzigen Schuhen durchs frisch geputzte Haus und hinterlässt überall Fußabdrücke.

- Bestrafen: Sie nehmen ihr ihren ganzen Schokoladenvorrat weg.
- Nachgeben: Sie fangen mit Ihrem Hausputz von vorne an.
- Logische Konsequenz: Sie geben Ihrer Tochter einen Putzlappen in die Hand und bitten sie, den Boden sauberzumachen.

Beispiel 2: Marcel (fünf Jahre) weigert sich, seine Zähne zu putzen.

- Bestrafen: Sie schicken ihn für eine Stunde auf sein Zimmer.
- Nachgeben: Sie sagen sich achselzuckend: »Es sind ja nicht meine Zähne, die Löcher bekommen.«
- Logische Konsequenz: Sie lehnen Marcels Bitte um Süßigkeiten mit der Begründung ab, dass seine Zähne keinen Schaden nehmen sollen.

Beispiel 3: Miriam (sechs Jahre) hat ihre Spielsachen nicht aufgeräumt, obwohl Sie sie schon mehrmals dazu aufgefordert haben.

- Bestrafen: Sie verordnen für die nächsten drei Tage Fernsehverbot.
- Nachgeben: Sie räumen die Spielsachen selber auf.
- Logische Konsequenz: Sie lehnen es ab, ein neues Spiel mit ihr anzufangen, bevor sie die anderen Sachen nicht aufgeräumt hat.

Eins, zwei, drei – stopp!

■ Eine Szene, die alle Eltern nur zu gut kennen: »Mama, kriege ich ein Eis?« – »Nein, mein Schatz, du hattest heute schon eins!« – »Nur ein kleines. Bitte, Mama!« – »Ich sagte nein!« – »Aber ich möchte so gern eins haben. Bitte, bitte, bitte ...!« – »Hast du nicht gehört, was ich gesagt habe?« – »Mama, biiittteee ...!« »Hör auf!«, möchte man seinem Kind in einer Situation wie dieser am liebsten zurufen (und tut es vermutlich auch des Öfteren). Leider bleibt die erwünschte Wirkung meistens aus; das Kind quengelt weiter. Wenn es nur eine Stopptaste gäbe, um dem Zirkus ein Ende zu machen!

Etwas in der Art gibt es tatsächlich, und zwar in Form einer Methode, die der Psychologe Thomas W. Phelan in den Achtzigerjahren unter der Bezeichnung »1-2-3 Magic« in den USA entwickelte. Dank ihres Erfolgs hat sie in Elternkreisen großen Zuspruch gefunden und scheint in letzter Zeit auch bei uns populär zu werden. Wie der Name

Mit logischen Folgen können Sie Ihrem Kind Schimpfen und Strafen ersparen.

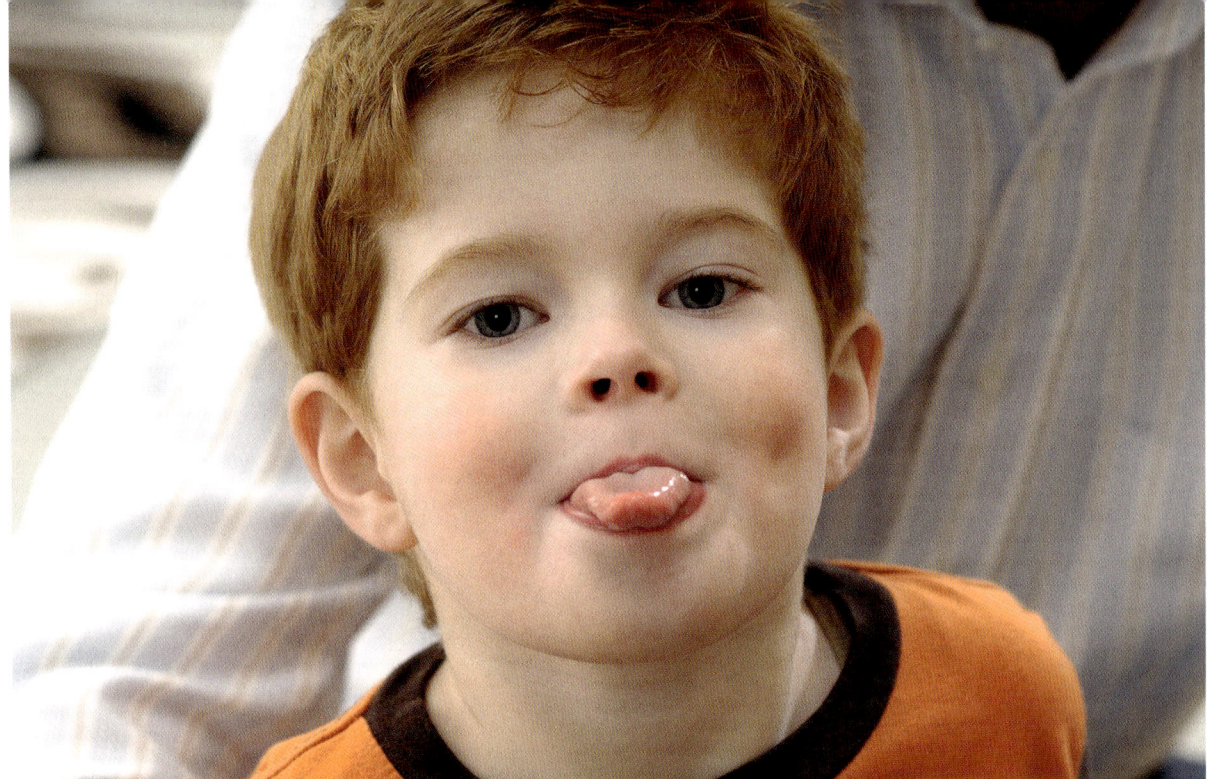
Kinder testen ständig die von den Eltern gesteckten Grenzen

schon andeutet, geht es darum, störendes Verhalten, wie zum Beispiel Quengeln, Nörgeln, Schreien, Schlagen oder Randalieren, durch Auszählen zu stoppen. Und das geht so:

»Mama, kriege ich ein Eis?«

»Nein, mein Schatz, du hattest heute schon eins!«

»Nur ein kleines. Bitte, Mama!«

Die Mutter hebt den Daumen: »Ich zähle jetzt: Eins ...«

»Ich möchte so gern eins haben. Bitte, bitte, bitte ...!«

Sie streckt den Zeigefinger: »... zwei ...«

»Mama, biiittteee ...!«

Störende Verhaltensweisen von Kindern lassen sich durch Auszählen stoppen.

Die Mutter streckt den dritten Finger: »... und drei − fünf Minuten Auszeit!«

Das Kind soll nun für fünf Minuten in sein Zimmer gehen. Wenn es dazu nicht bereit ist, verlässt die Mutter den Raum. Nach der Auszeit wird über die Sache kein Wort mehr verloren.

Nun werden Sie vielleicht den Kopf schütteln und denken: »Die Methode mit dem Zählen habe ich doch längst probiert − und sie hat nicht funktioniert.« Dann könnte es sein, dass sich das Auszählen bei Ihnen so angehört hat: »Du räumst jetzt sofort deine Spielsachen weg, hörst du? Ich zähle bis drei: eins ..., zwei ..., drei ...«

Dieses Vorgehen kann aus zwei Gründen nicht funktionieren. Zum einen ist die Drohung, die in den Worten mitschwingt, nicht zu überhören. Und Drohungen sind absolut ungeeignet, ein Kind einsichtig zu stimmen. Zum anderen geht es hier nicht darum, ein unliebsames Verhalten des Kindes zu stoppen, sondern vielmehr, es zu einem gewünschten Verhalten zu veranlassen. Eine Sache wie Aufräumen lässt sich jedoch nicht auf Eins-zwei-

Stopp- und Start-Verhalten

Thomas Phelan nennt das unliebsame Verhalten, das durch Auszählen beendet werden soll, Stopp-Verhalten. Geht es dagegen darum, ein Kind zu etwas zu veranlassen (Aufräumen, Anziehen, Hände waschen, Zähne putzen, den Tisch decken), spricht er von Start-Verhalten. Die entsprechende Vorgehensweise der 1-2-3-Methode ist wesentlich komplexer und aufwändiger als das Auszählen. Dazu gehören Loben und Ermutigen, Konsequenzen aufzeigen, Wochenpläne und Erfolgstabellen aufstellen sowie der Einsatz eines Kurzzeitmessers. Wenn Sie Näheres über die 1-2-3-Methode erfahren wollen, beachten Sie bitte den Buchtipp auf Seite 95.

drei umsetzen, sondern erfordert Zeit, Ausdauer und Motivation.

Auch wenn es zunächst nicht den Anschein hat, die Methode erfordert von den Eltern eine Menge Selbstdisziplin. Denn viele neigen in Konfliktsituationen dazu, unentwegt auf ihr Kind einzureden: Sie machen ihm Vorhaltungen, setzen es mit Warum-Fragen unter Druck, drohen Strafen an oder machen ihrem Ärger durch Schimpfen Luft. Bei der Auszählmethode muss man sich dagegen auf drei knappe Äußerungen beschränken. Man darf kein weiteres Wort verlieren, geschweige denn sich auf eine Diskussion mit dem Kind einlassen. Dafür wäre nicht der geeignete Zeitpunkt. Die Diskussion würde wahrscheinlich in einen Machtkampf ausarten – die Methode wäre schon im Ansatz gescheitert.

Motivation ist alles

■ Doch was tun, wenn es nicht darum geht, ein unliebsames Verhalten zu stoppen, sondern das Kind zu einem erwünschten Verhalten zu veranlassen, zu dem ihm offensichtlich Lust und Ausdauer fehlen? In diesem Fall ist Motivation nötig. Nehmen wir an, es geht um eine Haushaltspflicht, auf die Sie sich mit Ihrem Kind geeinigt haben: Es soll jeden Tag nach dem Mittagessen den Tisch abräumen. Bisher kommt es seiner Aufgabe nur mit mäßigem Eifer nach, oft braucht es eine Ermahnung, und auch die scheint mit der Zeit immer weniger zu nützen.

So können Sie nachhelfen: Zeichnen Sie auf ein Blatt Papier eine Wochentabelle – für jeden Tag der Woche ein Kästchen – und hängen Sie sie gut sichtbar in der Küche oder im Kinderzimmer auf. An jedem Tag, an dem das Kind seine Aufgabe ohne Ermahnung zu Ihrer Zufriedenheit erfüllt hat, malen Sie in das entsprechende Kästchen ein Blümchen oder eine Sonne. Hat es die Aufgabe vernachlässigt, streichen Sie das entsprechende Kästchen durch. Vereinbaren Sie mit Ihrem Kind, wie viele Blümchen oder Sonnen es sammeln muss, damit es am Ende der Woche eine Belohnung erntet – zum Beispiel eine große Portion Eis.

Schimpfen und Strafen helfen nicht weiter

■ Nun haben Sie alle wesentlichen Möglichkeiten kennengelernt, Kindern Grenzen zu setzen. Doch was ist mit Schimpfen und Strafen, gehört das nicht

Die 1-2-3-Methode verzichtet auf wortreiches Argumentieren.

Warum Machtkämpfe nichts bringen

Bei einem Machtkampf gibt es nur Sieger und Verlierer. Setzen sich die Eltern durch (was oft mithilfe von Strafandrohungen geschieht), ist das gewöhnlich nur ein Scheinsieg, weil das Kind nicht aus Einsicht, sondern aus Zwang gehorcht. Doch der Frust über die erlittene Niederlage kann dazu führen, dass es bei nächster Gelegenheit größere Geschütze auffährt, um den Spieß umzudrehen. Denn Kinder merken schnell, dass es nur eine Frage der Ausdauer ist, einen Machtkampf zu gewinnen. Deshalb ist es klug, aus einer Konfliktsituation auszusteigen, bevor sie in einen solchen mündet.

auch dazu? Gewiss hat gelegentliches Schimpfen seine Berechtigung – und wenn sie nur darin besteht, dass gestresste Eltern auf diese Weise die Möglichkeit erhalten, mal Dampf abzulassen. Doch wenn Schimpfen und Strafen überhand nehmen, sind diese Mittel kaum noch geeignet, dem Kind Grenzen zu setzen, geschweige denn, es zu konstruktivem Handeln zu veranlassen. Warum ist das so?

Zum einen demotivieren Schimpfen und Strafen das Kind. Wozu soll es sich eigentlich anstrengen, wenn es doch nur zu hören bekommt, wie ungeschickt oder ungezogen es sich verhält? Klar liegt diese Wirkung gewöhnlich nicht in der Absicht der Eltern; sie ist ihnen meist nicht einmal bewusst. Bei vielen scheint die Erinnerung an früher noch nachzuwirken, als Tadeln und Beanstanden quasi als Erziehungsmuss

galten, um Kindern ein ordentliches Benehmen beizubringen. Doch diese Zeiten sind glücklicherweise vorüber.

Zum anderen wollen und brauchen Kinder die Aufmerksamkeit ihrer Eltern. Im Zweifelsfall kämpfen sie mit allen Mitteln darum. Wenn sie das Gefühl haben, durch kooperatives Verhalten keine oder zu wenig Aufmerksamkeit zu erzielen, probieren sie es eben auf anderem Weg und schlagen über die Stränge. Reagieren die Eltern mit Schimpfen, Strafen oder womöglich sogar Schlagen, ist das für das Kind auch eine Form der Aufmerksamkeit, wenn auch keine positive. Denn das Motiv für sein Verhalten lautet: Hauptsache, ich werde wahrgenommen! So setzen die Eltern mit ihren Strafmaßnahmen ungewollt eine Spirale in Gang: Das Kind wird mit seinem unliebsamen Verhalten immer wieder

Grüne und gelbe Karten

Statt einer Wochentabelle können Sie auch Karten einsetzen: Für jede Aufgabe, die das Kind erledigt, bekommt es eine grüne Karte in ein dafür vorgesehenes Körbchen gelegt. Am Ende der Woche werden die Kärtchen gezählt und der Erfolg belohnt. Dieses System hat den Vorteil, dass es auch auf unliebsames Verhalten anwendbar ist: Benutzt das Kind zum Beispiel ein unerlaubtes Schimpfwort, bekommt es eine gelbe Karte – die allerdings wieder entfernt wird, sobald es sich eine grüne Karte »dazuverdient« hat. Bestimmt wird das Kind alles daran setzen, dass das Ergebnis am Ende der Woche nicht gelb, sondern grün aussieht!

versuchen, die Aufmerksamkeit seiner Eltern zu bekommen.

Die Zauberkraft des Lobs

■ Lob und Anerkennung sind ebenfalls eine Form der Aufmerksamkeit, im Gegensatz zu Schimpfen und Strafen jedoch eine positive. Lob besitzt geradezu Zauberkraft, weil es konstruktives Verhalten fördert. Ein Kind, das für gutes Verhalten gelobt wurde, ist gern bereit, dieses zu wiederholen. Gerade deshalb sollten Sie darauf achten, dass Sie Ihr Lob nicht bewusst mit dieser Absicht einsetzen, etwa so: »Schön, dass du deine Legosteine ohne Aufforderung in die Kiste geräumt hast! Wie wär's, wenn du jetzt gleich mit den Playmobil-Figuren weitermachst?« Sicher wird sich Ihr Kind über die Anerkennung freuen, doch dürfte seine Freude einen Dämpfer bekommen, wenn es merkt, dass Ihr Lob nur als Mittel zum Zweck dient.

Achten Sie zudem darauf, dass Sie Lob und Kritik nicht miteinander vermischen: »Bravo, endlich hast du mal dein Zimmer aufgeräumt, das hat auch wirklich fürchterlich ausgesehen!« Wer würde sich über eine solche »Anerkennung« freuen?

Lassen Sie Ihr Kind außerdem immer wieder die Erfahrung machen, dass nicht nur perfekte Ergebnisse zählen, sondern auch seine Bemühungen. Wenn es mit einer Aufräumaktion nicht fertig geworden ist, erkennen Sie das Teilergebnis an. Das gibt ihm Ansporn und stärkt sein Selbstwertgefühl. <<<

Gut gemacht!

Viele Eltern neigen dazu, sich vorrangig mit den störenden Verhaltensweisen ihres Kindes zu befassen und die positiven als selbstverständlich zu nehmen. Entsprechend richten sich ihre Kommentare hauptsächlich auf Regelverstöße, während sie lobenswertes Verhalten zwar erfreut, aber kommentarlos zur Kenntnis nehmen. Machen Sie es sich zur Gewohnheit, gerade die erfreulichen Dinge lobend anzusprechen: »Schön, dass du daran gedacht hast, deine Gummistiefel vor der Haustür auszuziehen!« – »Wie lieb, dass du mir hilfst, die Einkaufstaschen aus dem Auto zu holen, danke!« Damit zeigen Sie Ihrem Kind, dass Sie seine Bemühungen sehen und wertschätzen.

Loben Sie Ihr Kind – doch übertreiben Sie es damit nicht.

Hinter aggressivem Verhalten stecken oft Frustrationserfahrungen

Hilfe, unser Kind ist so schwierig!

Wenn Kinder Aggressionen zeigen

■ Der fünfjährige Sebastian spielt mit seinem Freund Tom im Garten, während seine Mutter im Haus ein längeres Telefonat führt. Plötzlich horcht sie auf: Lautes Geschrei dringt von draußen ins Zimmer. Hastig beendet sie das Gespräch und eilt in den Garten. Da scheint etwas vorgefallen zu sein! In der Tat: Tom liegt bäuchlings im Gras, Sebastian sitzt auf seinem Rücken und traktiert ihn mit gezielten Schlägen. »Ja, bist du denn völlig verrückt geworden? Hör sofort auf damit!«, schreit die Mutter und stürzt auf die beiden Kinder zu. Sebastian reagiert nicht. Er schlägt verbissen weiter, sein Gesicht ist wutverzerrt. Als die Mutter ihn am Arm packt und von seinem Freund wegziehen will, dreht er vollends durch und beginnt nach ihr zu treten.

Heftige Gefühlsausbrüche

■ Manche Kinder können so wütend werden, dass sie kaum mehr zu bremsen sind. Sie rasten völlig aus und gehen mit aller Wucht auf andere los. Dabei richtet sich ihre Wut meist gegen andere Kinder, manchmal auch gegen die eigenen Eltern. Die Erwachsenen reagieren auf solches Verhalten gewöhnlich sehr bestürzt und fragen sich: Woher kommen diese ungezügelten Aggressionen, die das Kind alle Hemmungen verlieren lassen?

Wenn Kinder ausrasten, reagieren die Eltern oft entsetzt und ratlos.

Zunächst einmal: Aggressionen sind normale Empfindungen, die Kinder genauso überkommen wie Erwachsene. Wenn ein Kind aus Wut oder Frustration tritt, kratzt, beißt oder zuschlägt, heißt das noch lange nicht, dass es sich zum Schlägertyp entwickelt. Gerade im Trotzalter können Kinder sehr heftig und impulsiv reagieren, weil sie noch nicht in der Lage sind, ihre Gefühle zu kontrollieren. Erst ab dem vierten Lebensjahr lernen sie allmählich, Kompromisse auszuhandeln und Konflikte anders als durch Aggressionen zu lösen.

Ganz allgemein haben Aggressionen eine durchaus sinnvolle Funktion, nämlich eigene Interessen gegenüber anderen durchzusetzen. Sie befähigen uns beispielsweise, uns gegen schlechte Behandlung laut und nachdrücklich zu wehren. Gegen ein solches Verhalten ist gewiss nichts einzuwenden. Aggressionen haben allerdings nur so weit etwas Positives, wie sie in sozialverträglicher Form geäußert werden.

Jeder Mensch kann mal in Wut geraten. Das dürfen Kinder ruhig wissen.

Angeboren oder erlernt?

■ Aggressivität äußert sich bei Menschen unterschiedlich stark. In manchen Kulturen gilt ein wesentlich höheres Maß an Aggressivität als normal als bei uns.

Die Frage, ob Aggressionen angeboren oder erlernt sind, konnte bisher allerdings nicht eindeutig geklärt werden. Manche Wissenschaftler vertreten die Ansicht, dass ein Kind schon mit einem Aggressionstrieb zur Welt kommt. Andere behaupten, aggressives Verhalten werde durch Nachahmung erlernt. Eine weitere Theorie besagt, dass Enttäuschungen oder die Nichtbefriedigung von Bedürfnissen die Auslöser seien. Auch hormonelle Faktoren werden angeführt. So hat der renommierte deutsche Gewaltforscher Prof. Dr. Friedrich Lösel bei einer Studie mit mehr als 600 Kindergartenkindern in Nürnberg zwei aggressive Typen von Kindern ausgemacht, die sich sowohl im Verhalten als auch in Bezug auf ihre Hormonausschüttung stark voneinander unterscheiden: Die einen (etwa fünf Prozent) sind sehr reizbar und reagieren oft impulsiv und aggressiv, was offenbar auf deutlich erhöhte Werte des Stresshormons Cortisol (im Vergleich zu Normalwerten) zurückzuführen ist. Die anderen (drei bis vier Prozent) legen es mit kühler Berechnung darauf an, andere zu beherrschen und ihre eigenen Ziele durchzusetzen, was durch einen deutlich verringerten Cortisolwert begründet wird.

Über die Ursachen von Aggressionen gibt es verschiedene Erklärungsansätze.

Allerdings dürften einzelne Faktoren wie Hormonwerte nicht ausreichen, um die Entstehung von Aggressionen zu erklären. Es müssen noch andere Auslöser im Spiel sein. Die meisten Forscher vertreten heute die Auffassung, dass es sich dabei vor allem um Kränkungen der Selbstliebe handelt. Anders ausgedrückt: Aggressive Menschen leiden an einem verletzten Selbstwertgefühl.

Auslöser von Aggressionen und Wutausbrüchen

■ Wie kann das Selbstwertgefühl eines Kindes durch die Erziehung Schaden nehmen? Bei der Frage denkt man natürlich sofort an einen Erziehungsstil, der mit Gewalt und Unterdrückung arbeitet: Härte, Lieblosigkeit, Schläge, überzogene Strafen, massive Einschüchterung. Es ist bekannt, dass solche Maßnahmen bei Kindern die Aggressions- und Gewaltbereitschaft fördern, die durch entsprechende Vorbilder womöglich noch verstärkt werden. Viele gewaltbereite Erwachsene haben als Kinder selbst Gewalt erfahren.

Allerdings können schon wesentlich subtilere Erziehungsstile das Selbstwertgefühl eines Kindes untergraben. Mangelndes Zutrauen der Eltern etwa (»Das kannst du nicht! Lass die Finger davon!«) kann ebenso ein Auslöser sein wie Überforderung. Ein Beispiel: Leas Eltern haben sich immer um die bestmögliche Förderung für ihre Tochter bemüht. Die Sechsjährige erhält Tanz- und Flötenunterricht, besucht einen Englischkurs und geht einmal pro Woche zum Judotraining. Klar, dass sie in der Schule Klassenbeste sein wird! Und fest steht ebenso, dass sie beim Abschlussfest im Kindergarten die Hauptrolle in der Tanzaufführung übernehmen wird.

Gewalt in den Medien

Kinder werden heutzutage oft mit Filmen und Computerspielen konfrontiert, deren Inhalte sie nicht verarbeiten können, weil sie nicht ihrem Alter entsprechen. Und selbst in vermeintlich harmlosen, altersgemäßen Filmen wird Gewalt manchmal als legitimes Mittel der Auseinandersetzung vorgeführt: In manchen Comics erleben Kinder, dass Schläge auf den Kopf nichts ausmachen, in Westernserien wird unaufhörlich geprügelt. Schützen Sie Ihr Kind vor Gewaltdarstellungen, indem Sie Fernsehsendungen, DVDs und Computerspiele sorgfältig auswählen. Kompetente Infos erhalten Sie beim Fachportal »Flimmo« (www.flimmo.de) und der Aktion »Schau hin!« (www.schau-hin.info).

Dass sich Lea einerseits heillos überfordert und andererseits als »Vorzeigekind« missbraucht fühlt, merken die Eltern nicht. Sie sind deshalb wie vom Donner gerührt, als das Mädchen eines Tages in den Streik tritt und selbst auf Lob und Ermunterung nur noch mit Wutausbrüchen reagiert.

Nicht zuletzt kann ein allzu nachgiebiger (antiautoritärer) Erziehungsstil zu Aggressionen führen. Wenn Eltern keine Grenzen setzen, vermissen Kinder Halt und Orientierung und fühlen sich von ihren Eltern nicht wahrgenommen. Manchmal versuchen sie dann, diese durch Wutausbrüche gezielt zu provozieren, um ihnen eindeutige Reaktionen zu entlocken. Sie testen gewissermaßen die Beziehung aus, wollen wissen, ob ihre Eltern auch dann zu ihnen stehen, wenn sie mal nicht lieb und brav sind.

Wenn die Wahrnehmung gestört ist

■ Es gibt noch weitere mögliche Ursachen für aggressives Verhalten von Kindern. Oft hat es etwas mit Wahrnehmungsstörungen zu tun, von denen etwa 15 Prozent aller Kinder betroffen sind. Die Ursache solcher Störungen ist,

Drei Formen von Aggression

Es gibt offene, stellvertretende und verdeckte Aggressionen. Wodurch unterscheiden sich die drei Formen voneinander?

– Unter offenen Aggressionen versteht man einen direkten Angriff: Ein Kind ist beispielsweise wütend auf ein Geschwisterkind und schlägt, beißt, tritt, beschimpft oder beleidigt es.
– Um stellvertretende Aggressionen handelt es sich, wenn das Kind eigentlich wütend auf seinen Vater ist (der es furchtbar geschimpft hat), seine Wut jedoch am Geschwisterkind auslässt.
– Verdeckte Aggressionen wiederum liegen vor, wenn zum Beispiel eine Mutter in einer aggressiven Grundstimmung ist und deshalb wegen eines Vorfalls unverhältnismäßig mit ihrem Kind schimpft. Dabei gesteht sie sich ihre Aggressivität nicht ein, sondern rechtfertigt ihr wütendes Schimpfen als Erziehungsmaßnahme.

Generell zeigen Erwachsene eher verdeckte, Kinder dagegen mehr offene Aggressionen, mit denen sie sich häufig noch größeren Ärger einhandeln.

Aggressionen äußern sich nicht nur durch handgreifliches Vorgehen, sondern auch durch lautstarkes Schimpfen.

dass Sinneseindrücke wie Hör-, Seh-, Tast- und Fühlreize im Gehirn nicht richtig verarbeitet werden können. Die Folgen können je nach Wahrnehmungsbereich sehr unterschiedlich aussehen. Hier einige Beispiele:

- Wenn die Wahrnehmung der Haut gestört ist, äußert sich das auf zweierlei Weise: Im einen Fall ist das Kind überempfindlich gegen Berührungsreize. Das führt unter anderem dazu, dass es selbst liebevoll gemeinte Berührungen vehement ablehnt, sich vielleicht sogar durch Schlagen dagegen wehrt. Im anderen Fall ist sein Berührungsempfinden herabgesetzt, sodass es nicht merkt, wenn es andere zu grob anpackt und ihnen wehtut.
- Bei Störungen der Grob- und Feinmotorik wirkt das Kind tollpatschig und hat Schwierigkeiten mit vielen Alltagsanforderungen, zum Beispiel seine Kleidung zuzuknöpfen oder sich die Schuhe zu binden.
- Bei einer Beeinträchtigung der Hörwahrnehmung hat das Kind Schwierigkeiten, Gehörtes richtig einzuordnen, und kann daher nicht angemessen reagieren. Erwachsene interpretieren das fälschlicherweise oft als widerspenstiges Verhalten.

Ganz allgemein muss sich ein betroffenes Kind von seiner Umgebung häufig ungerechtfertigte Vorwürfe und Ermahnungen anhören. Die Erwachsenen bezeichnen es als grob, faul, ungeschickt, unaufmerksam oder ungehorsam. Doch selbst wenn es sich sehr anstrengt, kann es an seinem Verhalten kaum etwas ändern. Sein Selbstwertgefühl kann darunter erheblich leiden.

Auch Frust über das eigene Unvermögen kann zu Aggressionen führen.

Das Aufmerksamkeits-Defizit-Syndrom

■ Aggressionen können mit einem weiteren Störungsbild in Zusammenhang stehen: dem Aufmerksamkeits-Defizit-Syndrom, kurz ADS genannt. Kinder mit dieser Störung haben Schwierigkeiten, ihre Aufmerksamkeit zu bündeln und zielgerichtet einzusetzen. Dabei ist die Konzentrationsstörung nur eines von vielen Symptomen. Hinzu kommen, je nach ADS-Typ, beispielsweise Hyperaktivität, Unruhe, Stressintoleranz, emotionale Überreaktion und mangelnde Affektkontrolle. Die betroffenen Kinder gebärden sich wie kleine Tyrannen. Sie können nicht verlieren, nicht zurückstecken und sich nicht an Regeln halten. Sie brechen oft aus nichtigen Anlässen in Wut aus und können dann völlig die Beherrschung verlieren. In ihrer Wut zerstören sie Gegenstände oder werden handgreiflich.

Rückzug in die Höhle

Viele Kinder mit Wahrnehmungsstörungen sind im wahren Wortsinn überreizt: Aufgrund der auf sie einströmenden Sinnesreize, die sie nicht richtig verarbeiten können, werden sie schnell unruhig und überdreht. Gerade solche Kinder brauchen eine Rückzugsmöglichkeit, wenn ihre Gefühle in Aufruhr geraten. Zu diesem Zweck kann man im Kinderzimmer eine Höhle bauen, zum Beispiel aus Matratzen und Decken oder aus einem großen Karton, der mit Kissen und Matten zugedeckt wird.
In der dunklen Enge beruhigen sich die überreizten Nerven leichter und das Kind kommt zur Ruhe.

Behutsame Annäherung

Ein Kind mit einer überempfindlichen Hautwahrnehmung lehnt zärtliche Berührungen zwar häufig ab – es braucht sie aber ebenso sehr wie jedes andere Kind. Gehen Sie bei Ihren Annäherungsversuchen deshalb besonders behutsam vor. Tippen Sie Ihr Kind nie von hinten mit den Fingerspitzen an. Denn es sind hauptsächlich die unerwarteten, punktuellen Berührungen, die es nicht verträgt. Nähern Sie sich Ihrem Kind lieber von vorn und achten Sie auf feste, flächige Berührungen.

ADS-Kinder ecken mit ihrem Verhalten überall an. Der Umgang mit den kleinen Rabauken erfordert große Geduld und kostet Nerven – insbesondere die Eltern, die sich zu allem Überfluss oft den Vorwurf schlechter Erziehung gefallen lassen müssen. Noch schwerer haben es die betroffenen Kinder selbst. Sie merken genau, dass sie von ihrer Umwelt abgelehnt werden und für ihre Eltern eine Belastung darstellen, und ihr Selbstwertgefühl leidet enorm darunter. Oft verstärken sie die Problematik durch eine Trotz- und Verweigerungshaltung nach dem Motto: »Wenn ihr mich schon nicht leiden könnt, mache ich euch wenigstens das Leben schwer.« Dabei sind sie sehr dünnhäutig, ihre Trotzreaktionen dienen nur als Schutz gegen Kritik, die ihrem Empfinden nach allgegenwärtig ist. Denn ADS-Betroffene neigen nicht zuletzt zu Verallgemeinerungen und erleben sich deshalb als »nie akzeptiert« und »immer kritisiert«.

Schwierige Kinder fühlen sich häufig missverstanden

So ist das Leben des ADS-Kindes geprägt von »Miss-Erfahrungen«: Es fühlt sich in seinem Wesen missverstanden, missbilligt und missachtet. Kein Wunder, wenn es auf die Barrikaden geht.

Kinder mit ADS und Wahrnehmungsstörungen brauchen besonders viel Geduld und Verständnis.

43

Bei Wutausbrüchen gelassen bleiben

■ Wie man sieht, kann es diverse Gründe geben, warum sich ein Kind aggressiv gebärdet. Dementsprechend gibt es verschiedene Möglichkeiten, Aggressionen und Wutausbrüchen zu begegnen. Wichtig ist in jedem Fall, dass Sie in der akuten Situation gelassen bleiben, sich dabei aber eindeutig verhalten.

Wenn Ihr Kind in Wut gerät, versuchen Sie, ruhig und gelassen zu bleiben.

– Wenn Ihr Kind nach Ihnen schlägt, halten Sie seine Hand fest, nehmen Sie Blickkontakt auf und sagen Sie mit Nachdruck: »Bitte hör auf, mich zu schlagen. Das tut mir weh!« Damit setzen Sie ihm Grenzen. Dann können Sie Ihr Kind loslassen und Abstand nehmen, um ihm zu zeigen, dass es für körperliche Angriffe keine Zuwendung bekommt.

– Wichtig ist ebenso, dass Sie entschlossen einschreiten, wenn Ihr Kind aggressiv gegen andere Kinder (oder Geschwister) vorgeht und dabei erkennbare Verletzungsgefahr droht.

– Wenn sich Ihr Kind sichtlich im Gefühlsaufruhr befindet, können Sie es auch in die Arme nehmen und so lange festhalten, bis es sich beruhigt hat. Das vermittelt ihm Halt und Sicherheit. Doch Vorsicht: Die Festhaltetaktik verträgt nicht jedes Kind. Sie sollten sie auch nur dann anwenden, wenn Sie selber dahinterstehen und gut damit zurechtkommen.

– Bei einer lautstarken Auseinandersetzung hilft es manchmal, wenn Sie leiser sprechen. Das Kind muss dann ebenfalls leiser werden, damit es Sie noch verstehen kann.

Wichtig: ärztliche Abklärung

Bei Verdacht auf Wahrnehmungsstörungen oder ADS sollten Sie Ihr Kind vom Kinderarzt oder einem Kinderpsychiater untersuchen lassen. Sie können auch als Erstes eine Erziehungsberatungsstelle aufsuchen. Denn dort wird neben einer Beratung meist auch eine ärztliche Untersuchung vorgenommen. Diese ist in jedem Fall ratsam, damit Ihr Kind bei Bedarf die richtige Therapie erhält, zum Beispiel Ergotherapie oder Krankengymnastik.
Bei ADS wird außerdem oft eine medikamentöse Behandlung sowie Verhaltenstherapie empfohlen.

Spielerisch Dampf ablassen

■ Bleibt immer noch die Frage: Wohin mit der Wut? Denn Aggressionen können sich erst legen, wenn die Wut verraucht ist. Mit geeigneten »Wut-weg-Aktionen« lässt sich allerdings ein wenig nachhelfen.

Krafteinsatz: Wenn Ihr Kind wütend ist, erlauben Sie ihm, eine alte Matratze oder ein Kissen mit einem Teppichklopfer, einem Kochlöffel oder mit seinen Fäusten zu bearbeiten. Auch ein Boxsack ist für solche Fälle nützlich. Altpapier lässt sich ebenfalls gut zum Dampfablassen verwenden. Ihr Kind kann das Papier zerknüllen oder zerreißen und in einen »Wutpapierkorb« werfen. Später entsorgen Sie gemeinsam die Wut, indem Sie den Korbinhalt in die Papiertonne entleeren.

Innen Kummer, außen Zorn

Auch Kummer – etwa Eifersucht auf ein neugeborenes Geschwisterchen – kommt als Auslöser von Aggressionen in Betracht. Daran sollten Sie denken, wenn sich Ihr Kind plötzlich aggressiver als sonst gebärdet. Schenken Sie ihm deshalb viel Nähe und Zuwendung. So erkennen Sie eher, ob ihm ein Problem auf dem Herzen lastet.

Bewegung: Gehen Sie mit Ihrem Kind nach draußen und laufen Sie mit ihm eine Runde um den Block. Oder spielen Sie mit ihm Schattenfangen: Ihr Kind versucht, auf Ihren Schatten zu treten, und umgekehrt.

Lautstärke: Auch Lautstärke ist ein gutes Mittel, um die Wut zu übertönen – vorausgesetzt, Ihre Nachbarschaft kann das tolerieren. Lassen Sie Ihr Kind mit aller Kraft in eine Tröte blasen oder eine aufgeblasene Papiertüte mit lautem Knall zum Platzen bringen.

Wutbilder: Wenn Sie für Ihr Kind eine Malecke eingerichtet haben, lassen Sie auf dem Maltisch immer einen großen Bogen Papier, Stifte und Pinsel liegen. Dann kann sich Ihr Kind seinen Zorn von der Seele kritzeln. Oder es produziert mit dem Pinsel ein paar dicke Farbkleckse und versucht, mithilfe eines Strohhalms die Farben so weit wie möglich über das Papier zu pusten.

Knalleffekt: Haben Sie von einer Warenlieferung noch Luftpolsterfolie übrig? Das Verpackungsmaterial kann bei einem Wutanfall Ihres Kindes gute Dienste leisten. Drücken Sie Ihrem Kind die Plastiknoppenfolie in die Hand und erlauben Sie ihm, damit zu machen, was es will: Es kann sie je nach Lust und Laune zertreten, zerknüllen oder quadratzentimeterweise zerdrücken. Das lässt nicht nur den Zorn verpuffen, sondern macht obendrein richtig Spaß, denn bei jeder Noppe, die zerplatzt, gibt es ein lustiges »Plopp«.

Einen Wutanfall Ihres Kindes sollten Sie nicht unterbinden – sonst bewirken Sie höchstens das Gegenteil.

Wohin mit der eigenen Wut?

■ Nicht nur Kinder können von großer Wut übermannt werden, auch bei den Eltern können sich schnell die Gefühle hochschaukeln. Und genau wie das Kind

braucht dann auch die Mutter oder der Vater ein geeignetes Ventil, um Dampf abzulassen.

Auf Abstand gehen: Auf keinen Fall sollten Sie Ihr Kind anfassen, wenn Sie zornig sind. Sonst besteht die Gefahr, dass Sie es körperlich und seelisch verletzen. Lieber ziehen Sie sich in ein anderes Zimmer zurück, schließen die Tür, atmen tief durch und warten, bis der größte Zorn verraucht ist. Normalerweise wäre es zwar besser, wenn Sie bei ihrem Kind blieben, um ihm in seinem Gefühlsaufruhr beizustehen. Aber wenn Sie befürchten, selbst die Nerven zu verlieren, gehen Sie lieber auf Distanz. Geben Sie Ihrem Kind einen entsprechenden Hinweis, damit es nicht unnötig in Panik gerät: »Ich gehe für eine Weile nach nebenan, bis ich mich beruhigt habe.«

Bewegung im Freien: Noch besser wäre es, nach draußen zu gehen, sich an der frischen Luft zu bewegen und dabei möglichst kräftig auszuschreiten. Falls das nicht geht, weil niemand da ist, der das Kind in der Zwischenzeit beaufsichtigt, können Sie sich auch im Haus bewegen, zum Beispiel die Treppe auf und ab laufen.

Sich aussprechen: Manchmal kann es auch helfen, eine Freundin oder einen Freund anzurufen und den Frust bei ihr oder ihm abzuladen. Es sollte allerdings jemand sein, der bereitwillig zuhört und nicht sofort mit ungebetenen Ratschlägen bei der Hand ist. Sonst könnte Sie das womöglich noch mehr auf die Palme bringen.

Versöhnung feiern: Hat sich das Gewitter schließlich verzogen, gehen Sie wieder auf Ihr Kind zu. Nehmen Sie es in den Arm und geben Sie ihm zu verstehen, dass Sie nun wieder freundlich und versöhnlich gestimmt sind. Lassen Sie das Konfliktthema vorerst auf sich beruhen.

Was Schläge bewirken

■ Nicht immer gelingt es Eltern, ihre Gefühle im Zaum zu halten. Wenn das Kind ein ums andere Mal über die Stränge schlägt, kann die Grenze des Erträglichen für Sie irgendwann erreicht sein. Sie fühlen sich hilflos und wütend, weil ihr Kind trotz bester Erziehungsbemühungen macht, was es will. Und plötzlich passiert es, dass ihnen vor lauter Zorn die Hand ausrutscht. Ist diese Reaktion nun eine notwendige pädagogische Maßnahme oder ein unverzeihlicher Fehler?

Wutgeschichten aus der Kindheit

Sicher gab es in Ihrer Kindheit den einen oder anderen Vorfall, bei dem Sie in große Wut geraten sind. Greifen Sie solche Erinnerungen auf, um Ihrem Kind eine Geschichte zu erzählen. Beschreiben Sie möglichst genau, was Sie damals so in Rage versetzt hat, wie Sie sich dabei gefühlt haben, wie Sie sich verhalten haben und wie Sie mit Ihrer Wut fertig geworden sind. Kinder lieben solche persönlichen Erzählungen, denn sie finden sie nicht nur spannend, sondern fühlen sich auch mit ihren Gefühlen besser verstanden.

Verständnis und Einfühlungsvermögen helfen auch Eltern, mit einer schwierigen Erziehungssituation besser fertig zu werden.

Vieleicht haben Sie ja selber schon erlebt, dass Ihr Kind Sie mit seinem Verhalten bis aufs Messer provozierte und dabei den Eindruck erweckte, dass es um Schläge geradezu bettelt. Doch lassen Sie sich davon nicht täuschen. Kein Kind wünscht sich Schläge, wohl aber Halt und feste Grenzen. Mit Schlägen demonstrieren Sie indes genau das Gegenteil: Ihre Ohnmacht und Hilflosigkeit. Denn Schläge haben nichts mit Grenzensetzen zu tun. Sie sind völlig ungeeignet, dem unkontrollierten Gebaren des Kindes Einhalt zu gebieten. Stattdessen demütigen sie es und setzen die Spirale von Frust und Aggressionen erst richtig in Gang. Hören Sie daher nicht auf überkommene Erziehungsratschläge nach dem Motto: »Eine Ohrfeige hat noch keinem Kind geschadet.«

Rollentausch

Tauschen Sie bei passender Gelegenheit (außerhalb einer akuten Konfliktsituation) mal die Rollen: Fordern Sie Ihr Kind auf, die Mutter- oder Vaterrolle zu übernehmen und spielen Sie selbst den kleinen Wüterich. Unterhalten Sie sich anschließend über die Szene: Was war der Anlass für den Wutausbruch? Inwiefern hat der Wutanfall etwas genützt oder nicht? Wie könnte man sich anders verhalten? So lernt Ihr Kind Konfliktsituationen aus der Elternsicht kennen und kann sein eigenes Verhalten überdenken. Das Experiment setzt allerdings Feingefühl voraus; das Kind darf nicht den Eindruck haben, dass Sie sich über es lustig machen.

Wenn Eltern vor Wut die Nerven verlieren, sollten sie den ersten Schritt zur Versöhnung tun.

Andererseits nützt es einem Kind, das für sein Verhalten unerwartet Schläge bekommen hat, nichts, wenn sich die Mutter oder der Vater danach in endlose Selbstvorwürfe verstrickt. In diesem Fall gibt es nur eines: seinen Fehler eingestehen, sich beim Kind entschuldigen und es um seine Kooperation bitten, damit künftige Konflikte auf bessere Weise gelöst werden können.

Falls Sie merken, dass Ihre Wut des Öfteren außer Kontrolle gerät, sollten Sie Hilfe bei einer Familienberatungsstelle oder beim Deutschen Kinderschutzbund (www.kinderschutzbund.de) suchen. Das ist kein Eingeständnis von Erziehungsversagen, sondern ein Zeichen von Verantwortung und Elternliebe. <<<

Jetzt vertragt euch doch endlich!

Das ewige Gerangel unter Geschwistern

Du bist auch viel kleiner!

Ampel gehört mir!« »Na und? Trotzdem kannst du mich auch mal damit spielen lassen. Du brauchst sie doch überhaupt nicht!« Florian hat sich das Streitobjekt schon wieder zurückerobert und läuft feixend davon: »Ätsch, fang mich doch!« Es folgt eine wilde Jagd durchs Haus, bis Florian sich im Badezimmer verschanzt und die Hände gegen die Tür stemmt, damit sein Bruder nicht herein kann. Lukas rüttelt an der Türklinke und heult in ohnmächtiger Wut. Dann stürzt er grimmig in das Zimmer seines Bruders, reißt den Straßenteppich hoch, dass die Autos nur so purzeln, und wirft ihn in die Zimmerecke. Als Florian auftaucht, setzt ein ohrenbetäubendes Protestgeschrei ein ...

■ Florian (vier Jahre) hat einen Straßenteppich auf dem Fußboden seines Zimmers ausgerollt und alle seine Spielzeugautos aus der Kiste geholt. Die lässt er nun munter über das Straßennetz rollen. Mitten auf dem Teppich steht eine batteriebetriebene Spielzeugampel, die den Verkehr regelt. Da kommt sein Zwillingsbruder Lukas ins Zimmer, schnappt sich die Ampel und läuft zur Tür hinaus. »He, gib her, du Blödmann!«, schreit Florian, springt auf und rennt seinem Bruder hinterher. »Selber Blödmann!«, gibt Lukas zurück und fügt triumphierend hinzu: »Die

Geschwister können nicht immer ein Herz und eine Seele sein – auch wenn sich Eltern das noch so sehr wünschen.

Geschwisterstreit gehört dazu

■ Täglich dieses Gezeter, Gerangel, Geheule unter Geschwistern – muss das sein? Wenn es nach den Eltern ginge, sicher nicht, denn für sie bedeuten solche Auseinandersetzungen nichts als Stress. Deshalb kommen ihnen die Streitphasen ihrer Kinder im Vergleich zu den friedlichen Phasen häufig auch viel länger vor, als sie tatsächlich sind. Erstaunlich ist jedoch, wie schnell sich Geschwister nach einem Streit beruhigen können und wieder ein Herz und eine Seele sind. Wenn ihr Zorn auch mitunter heftig aufflackern kann, ist er dennoch meist schnell verraucht. Kinder kennen kein tagelanges Schweigen, einander aus dem Weg gehen, sich feindselige Blicke zuwerfen, wie es manche Erwachsene tun.

Eltern, die diese Beobachtung einmal gemacht haben, werden die Rangeleien ihrer Kinder vielleicht etwas besser ertragen. Dabei sollten sie Streitigkeiten zwischen Geschwistern nicht nur als störende Zwischenfälle betrachten. Geschwisterstreit hat nämlich eine wichtige Funktion: Er hilft Kindern, ein Selbstkonzept und Selbstwertgefühl zu entwickeln.

ein Kind seine Persönlichkeit und seine Fähigkeiten bei keinem anderen Menschen so ausgiebig kennenlernen wie im Umgang mit seinen Geschwistern. Wer von uns ist klüger, schneller, geschickter, mutiger? Durch dieses ständige Vergleichen und Ausprobieren entwickelt das Kind ein Selbstkonzept: Wer bin ich? Wie verhalte ich mich im Umgang mit anderen Menschen? Welche Situationen wecken welche Gefühle und Reaktionen in mir? Welche Fähigkeiten habe ich und wo liegen meine persönlichen Grenzen? Auf diese Weise lernt das Kind, sich besser einzuschätzen und wird sicherer im Umgang mit anderen.

Im Umgang mit seinen Geschwistern erfährt ein Kind eine Menge über sich selbst.

Geschwisterbeziehungen als Lernfeld

■ Im Kindergartenalter wächst die Fähigkeit von Kindern, sich selbst mit anderen zu vergleichen, ihre eigenen Stärken und Schwächen wahrzunehmen und ihre Fähigkeiten im Umgang mit anderen Menschen weiterzuentwickeln. Geschwisterbeziehungen bieten hier ein ideales Lernfeld. Im Umgang mit Geschwistern lernen Kinder ein geradezu unerschöpfliches Repertoire an Verhaltensweisen kennen und nutzen: Fürsorglichkeit, Vorsicht, Mitgefühl, Verständigkeit, taktisches Geschick, List, Durchsetzungsvermögen, Überredungskunst, um nur einige zu nennen.

Was die Geschwisterbeziehung dabei auszeichnet, ist die besondere Nähe zueinander. Niemand kennt sich so gut wie Geschwister. Deshalb kann

Die gute Seite des Geschwisterstreits

Streit unter Geschwistern ist in gewisser Hinsicht ein gutes Zeichen. Diese Ansicht vertrat der amerikanische Kinderpsychiater Richard A. Gardener (1931-2003). Streiten sei ein »Ausdruck nicht unterdrückbarer, gesunder Kräfte im Kind«. Sein Standpunkt: Ein Kind, das nicht wenigstens bis zu einem gewissen Grad eine Geschwisterrivalität zeige, sei ein »behindertes Kind«, das beim Kampf um den Ausdruck der eigenen Persönlichkeit von den Menschen in seiner Umgebung besiegt worden sei.

Geschwisterstreit unterscheidet sich vom Streit unter Freunden in einem wesentlichen Punkt: Ein Freund oder eine Freundin kann sich jederzeit aus dem Konflikt zurückziehen und einfach nach Hause gehen. Lebt man jedoch mit dem Streitgegner unter einem Dach, ist es nicht so leicht, sich aus dem Weg zu gehen. Die Notwendigkeit, eine Lösung zu finden, ist größer, und damit auch der Lerngewinn für jedes Kind.

So gesehen haben Streitigkeiten unter Geschwistern, so unangenehm sie sein mögen, unzweifelhaft ihre positiven Aspekte. Kinder lernen dabei, mit Konflikten umzugehen, Wünsche des anderen zu respektieren, ohne die eigenen aufzugeben, Lösungsstrategien zu entwickeln. Sie entwickeln Selbstvertrauen, aber auch moralische Vorstellungen. In der Auseinandersetzung mit Geschwistern erlebt sich ein schüchternes Kind vielleicht plötzlich als mutig oder ein störrisches als einsichtig. Mehr noch, die Kinder lernen, eigene Grenzen zu ziehen und die der anderen zu respektieren, wobei sie Aggressionen, sofern sie im Rahmen bleiben, als durchaus normal empfinden. Sie gehören zum Austesten der geschwisterlichen Beziehung ganz einfach dazu.

Das gehört mir!

■ Wenn sich Geschwister in die Haare bekommen, geht es sehr häufig um Besitz. Das ist nicht weiter verwunderlich. Jeder Mensch hat das Bedürfnis, Dinge, die ihm lieb und teuer sind, gegen die Ansprüche anderer zu verteidigen. Erst recht ein Kind, das Grund hat, die Verlässlichkeit des Anspruchstellers in punkto Sorgsamkeit und Rückgabe in Zweifel zu ziehen. Wenn einem der jüngere Bruder schon mal das Polizeiauto kaputt gemacht hat,

wird man es sich künftig zweimal überlegen, bevor man ihm den Bagger leiht, den er so gern haben möchte. Noch mehr wird man sich dagegen wehren, dass der Knirps sich ungefragt bei den eigenen Habseligkeiten bedient. Das Recht, die Grenze zwischen Mein und Dein zu verteidigen, sollte jedem Kind zustehen.

Oft steckt hinter den Streitereien um Spielsachen jedoch etwas anderes. Da knöpft ein Kind dem anderen unter einem fadenscheinigen Vorwand (»Ich hab zuerst damit gespielt!«) den Ball ab, schon setzt lautes Protestgeschrei ein, das die Eltern auf den Plan ruft. Jetzt wird es spannend: Mal sehen, auf wessen Seite sich die Mutter oder der Vater schlagen wird!

Rivalität um die Elternliebe

■ Jedes Kind wünscht sich die ungeteilte Zuwendung seiner Eltern und hadert damit, dass ihm diese durch die Existenz von Geschwistern permanent streitig gemacht wird. Und je geringer der Altersabstand zwischen zwei Geschwistern, desto schärfer die Konkurrenz. Das gilt insbesondere, wenn es sich um zwei Schwestern oder – noch deutlicher – um zwei Brüder handelt. Auch eine größere Geschwisterzahl hat ihre Tücken. In einer Dreiergruppe schließen sich meist zwei Kinder zusammen und eines bleibt außen vor. Sind es noch mehr Kinder, ist die Auswahl an Bündnis- oder Konfliktpartnern entsprechend größer. Kurzum: Alle Geschwister streiten hin und wieder, da gibt es keine Ausnahmen. Dabei

Ein Privileg kann trösten

Wenn Ihr Kind eifersüchtig auf das kleine Geschwisterchen ist, räumen Sie ihm gelegentlich ein Sonderrecht ein: »Weil du schon so groß bist, darfst du heute mit Papa zur Autowäsche fahren.« Es tut Ihrem Kind sicher gut zu merken, dass auch die Rolle des Größeren seine Vorteile hat.

steckt hinter all dem Geschrei, dem Frust und den Tränen häufig die große Angst, nicht genug geliebt zu werden. Mit Argusaugen beobachten die Kinder, wie die Eltern mit dem Bruder oder der Schwester umgehen, und die Bitterkeit ist groß, wenn sich eines im Vergleich benachteiligt fühlt.

Die schwierigste Zeit in der Geschwisterbeziehung ist gewöhnlich der Anfang. Die Geburt eines Geschwisterchens bedeutet für das Erstgeborene einen solchen Einschnitt, dass seine Welt für eine Weile aus den Fugen geraten kann. Schließlich hat es bis zu diesem Zeitpunkt die Liebe und Zuwendung der Eltern für sich allein gehabt und dies als selbstverständlich hingenommen. Nun dreht sich plötzlich alles um das Neugeborene. Es dauert seine Zeit, bis das Erstgeborene mit dieser Tatsache fertig wird.

Doch auch nach der Anfangszeit, wenn sich die elterliche Aufmerksamkeit allmählich gleichmäßig auf alle Kinder verteilt, wird eine gewisse Anspannung bleiben: Mit wem beschäfti-

Eifersucht tut weh: Diese Erfahrung machen wohl alle Geschwister.

Wenn sich Geschwister streiten, geht es oft um Besitz

gen sich Mama und Papa mehr? Und die Entrüstung darüber, vermeintlich benachteiligt zu werden, kann sich schon an Kleinigkeiten entzünden.

Zurückhaltung üben – leichter gesagt als getan!

■ Geschwisterstreit ist nicht nur normal, sondern bis zu einem gewissen Grad auch unvermeidlich. Allein aus diesem Grund erscheint es ratsam, dass sich Eltern aus den Streitigkeiten ihrer Kinder weitgehend heraushalten. So wird es ihnen von wohlmeinenden Verwandten und Bekannten und in Erziehungsratgebern auch meistens empfohlen. Allerdings schaffen das die wenigsten. Warum?

Zum einen hängt es damit zusammen, dass in Konfliktsituationen bei vielen Eltern sofort der nagende Zweifel aufkommt, ob sie wirklich jedem ihrer Kinder gleichermaßen gerecht werden. Die Sorge dürfte meistens unbegründet sein. Genauso wenig, wie man unterschiedliche Menschen vollkommen gleich behandeln kann, kann eine Mutter oder ein Vater zu allen Kindern die gleiche Beziehung haben. Trotzdem spielt das schlechte Gewissen der Eltern immer wieder eine ausschlaggebende Rolle, wenn sie bei Streitigkeiten ihrer Kinder eingreifen, um für ausgleichende Gerechtigkeit zu sorgen.

Zum anderen fällt es Erwachsenen ganz allgemein schwer, mit anzusehen, wie eine stärkere Person eine schwächere attackiert. Und bei Geschwistern unterschiedlichen Alters sind die Kräfte nun einmal ungleich verteilt: Gewöhnlich ist das jüngere Kind das unterle-

Wenn Eltern für ausgleichende Gerechtigkeit sorgen wollen, verursachen sie oft nur neuen Streit.

52

gene. Bricht nun ein Streit aus, verspüren die Erwachsenen sofort den Impuls, das schwächere Kind in Schutz zu nehmen. So wird aus zwei streitenden Parteien ein Dreierkonflikt, bei dem es einer der Streitenden plötzlich mit zwei Gegnern aufnehmen muss (und entsprechend versucht wird, stärkere Geschütze aufzufahren). Auf diese Weise entsteht ein neues Ungleichgewicht. Und schon liegt ein Motiv für den nächsten Streit vor.

Wann sollten Eltern eingreifen?

■ Tatsächlich ist es nicht immer sinnvoll (oder überhaupt erforderlich), sich in einen Geschwisterstreit einzumischen. Das trifft vor allem auf kleinere Streitigkeiten zu, die sich auf harmloses Wortgeplänkel beschränken. Aber auch bei reinen Schaukämpfen, die nur den Zweck verfolgen, die Eltern auf sich aufmerksam zu machen, ist es meist besser, sich herauszuhalten. Ein bedauerndes »Tut mir leid, dass ihr schon wieder Streit habt« genügt. So verlieren Kinder schnell das Interesse, die Eltern in ihre Streitigkeiten hineinzuziehen.

Doch nicht immer werden Sie umhin kommen, in den Streit Ihrer Kinder einzugreifen. Gerade kleinere Kinder schaffen es noch nicht gut, mit Konflikten allein fertig zu werden, und brauchen immer mal wieder Hilfe. Dringend notwendig ist Ihr Eingreifen, wenn eine Schlägerei im Gang ist und die Gefahr besteht, dass sich eines der Kinder verletzt. Dasselbe gilt bei massiven Beschimpfungen und schweren Beleidigungen.

Im Zweifelsfall kann es helfen, erst eine Weile abzuwarten. Wenn die Kinder sich nach längerer Zeit noch immer nicht einig werden und kein Ende des Streits abzusehen ist, können Sie immer noch dazwischen gehen.

Abwarten und Beobachten bieten allerdings keine Garantie gegen Fehleinschätzungen. Manchmal kommt es vor, dass Kinder ernsthaft miteinander streiten, ohne dass die Eltern das bemerken. Vor allem bei Streitigkeiten unter Brüdern lässt sich nicht immer eindeutig erkennen, ob es sich um spielerisches Gerangel oder um einen ernsthaften Kampf handelt. Falls Sie unsicher sind, sollten Sie deshalb lieber rechtzeitig nachfragen: »Ist das jetzt Spiel oder Ernst?« Bezeichnen beide Parteien es als Spiel, können Sie sich getrost zurückziehen. Wenn Sie allerdings merken, dass bei einem Kind der Spaß aufhört und es zu weinen beginnt,

Gemeinsam über Wasser bleiben

Ein Spiel, das den geschwisterlichen Zusammenhalt fördert: Falten Sie eine Zeitung auseinander, legen Sie sie auf den Boden und erklären Sie Ihren Kindern, das sei eine »Eisscholle«. Die Kinder sollen sich darauf stellen und Acht geben, dass keines ins Wasser fällt. Am Anfang ist das kein Problem. Doch dann lassen Sie das Eis schmelzen, indem Sie nach und nach ein Stück Papier abreißen. Je kleiner die Eisscholle wird, desto enger müssen Ihre Kinder zusammenkommen und sich einander festhalten. Wie lange können sie sich gemeinsam über Wasser halten?

Soll man sich bei Geschwisterstreit heraushalten? Das ist für Eltern nicht immer leicht zu entscheiden.

sollten Sie sich erneut einschalten: »Ich sehe, es ist doch Ernst geworden. Hört jetzt bitte auf, ich möchte nicht, dass sich jemand von euch verletzt.« Versuchen Sie jedoch nicht, herauszufinden, wer »schuld« ist oder wer mit dem Streiten angefangen hat.

Erfolgreich Streitigkeiten schlichten

■ Das A und O des erfolgreichen Streitschlichtens lautet: Hüten Sie sich vor Parteilichkeit. Verzichten Sie darauf, sich von vornherein auf eine Seite zu stellen. Statt als Fürsprecher einer Partei aufzutreten, empfiehlt es sich, die Rolle eines Mediators einzunehmen. Sie können dabei folgendermaßen vorgehen:

Oberstes Prinzip beim Streitschlichten: Niemals Partei ergreifen!

- Stellen Sie jedem Kind zunächst die Eingangsfrage: »Wie kann ich dir helfen?« Das Vorgehen mag Ihnen vielleicht seltsam vorkommen, es sollte Ihnen jedoch zumindest einen Versuch wert sein. Denn auf diese Weise signalisieren Sie beiden Seiten gleichermaßen Ihre Bereitschaft zur Unterstützung. Und Sie erfahren – möglicherweise durch ganz unerwartete Antworten –, was jedes Kind von Ihnen erwartet.
- Fragen Sie als Nächstes, was vorgefallen ist. Wahrscheinlich wird jedes Kind sofort drauflos reden und versuchen, dem anderen mit dem Erzählen zuvorzukommen. In diesem Fall können Sie den Kindern zwei umgedrehte Kärtchen vorlegen, die Sie eigens für solche Zwecke anfertigen und griffbereit halten: Auf dem einen ist ein Mund, auf dem anderen ein Ohr abgebildet. Wer die Mundkarte zieht, darf als Erster reden. So fühlt sich keines Ihrer Kinder zurückgesetzt.
- Hören Sie sich nun die Version jedes Kindes an und fassen Sie in kurzen Worten zusammen, was Sie verstanden haben. Fragen Sie im Zweifelsfall nach, ob Sie alles richtig aufgefasst haben. Vor allem das jüngere Kind, dem es vielleicht noch an sprachlicher Gewandtheit fehlt, braucht hier Ihre Unterstützung.
- Versuchen Sie anschließend, durch Fragen auf eine Lösung hinzusteuern: »Was wollt ihr denn jetzt tun? – Meint ihr, dass das funktioniert? – Fällt euch vielleicht noch eine andere Möglichkeit ein?« Sie können auch eigene Ideen beisteuern, sollten es jedoch den Kindern überlassen, diese anzunehmen oder nicht. Am besten ist es, eine Kompromisslösung anzustreben, bei der jede Seite der anderen ein kleines Stück entgegenkommt – und damit auch einen kleinen Sieg davonträgt.
- Lässt sich ein Streit trotz aller Bemühungen nicht beenden, weil es beispielsweise um ein Spielzeug geht, das jede Seite unbedingt haben will, können Sie den Zankapfel mit dem Einverständnis der beiden Konfliktparteien für eine Weile entfernen.
- Falls die Kinder zur Lösung des Konflikts von Ihnen einen Schiedsspruch erwarten, bitten Sie sich etwas Zeit aus, um eine wohlüberlegte Entscheidung treffen zu können, die beiden Seiten gerecht wird.

Geschwister sind ein Geschenk fürs Leben

– Ist der Streit schließlich beigelegt, finden Ihre Kinder vielleicht Gefallen an einem kleinen Friedensritual: Sie klatschen ihre Handflächen aneinander, geben sich die Hand oder umarmen sich kurz.

Das mag ich an dir

Die Familie stellt sich im Kreis auf. Dann wird ausgelost, wer sich als Erster auf den Stuhl in der Mitte setzen darf. Dieser Kandidat soll von den anderen ein ausschließlich positives Feedback bekommen, das immer mit der Einleitung beginnt: »Mir gefällt an dir, dass ...« Er selbst antwortet jedes Mal mit »Danke«. Dann werden die Rollen getauscht, bis jeder an der Reihe war. Wahrscheinlich werden Sie bei sich selbst bemerken, wie sehr dieses Spiel die Stimmung und das Selbstwertgefühl hebt.

Spielend den Umgang mit Konflikten üben

■ Geben Sie Ihren Kindern hin und wieder die Möglichkeit, ihr Streitverhalten zu üben – außerhalb einer Konfliktsituation. Rollenspiele eignen sich dafür hervorragend. Dabei können die Kinder in verschiedene Rollen schlüpfen und so eine Streitsituation aus verschiedenen Blickwinkeln kennenlernen. Daneben können auch (Hand-)Puppen oder Kuscheltiere in einem Rollenspiel als Stellvertreter eingesetzt werden. Mit folgendem Spiel üben Ihre Kinder, die Gefühle anderer besser wahrzunehmen und eigene Gefühle auszudrücken.

Rollenspiele können helfen, Streitigkeiten besser zu durchschauen.

Der Schläfer: Ein Kind legt sich aufs Sofa, macht die Augen zu und stellt sich schlafend. Das andere soll versuchen, den Schläfer zu wecken, ohne ihn zu verärgern. Es muss also sehr behutsam vorgehen und sich allerlei Nettigkeiten einfallen lassen: den Schläfer mit sanfter Stimme ansprechen, ihm sanft über den Rücken streichen, ihm ein Lied vorsingen, ihm ein Kuscheltier auf die Schulter setzen und den entsprechenden Tierlaut nachahmen, und so weiter. Das schlafende Kind entscheidet, wann es aufwachen möchte, und erzählt dann, was ihm an den Aufweckversuchen am besten gefallen hat. Dann werden die Rollen getauscht.

Streitregeln dienen dazu, einen fairen Umgang miteinander zu erlernen.

- Gebraucht keine schlimmen Schimpfwörter und Beleidigungen.
- Tretet euch nicht mit Füßen und schlagt nicht mit Gegenständen aufeinander ein.
- Sucht nach Lösungen, die allen etwas bringen.
- Spätestens vor dem Schlafengehen solltet ihr euch wieder vertragen.

Die besten Streitregeln nützen allerdings nichts, wenn Sie als Eltern nicht mit gutem Beispiel vorangehen. Zeigen auch Sie sich nach einem Streit versöhnungsbereit, schließen Sie Kompromisse und finden Sie ein Wort der Entschuldigung, wenn Sie sich unfair verhalten oder jemanden verletzt haben.

Bitte Platz machen!

Markieren Sie mit Kreppband oder Kreide einen schmalen Pfad auf dem Boden. Den sollen die Kinder gleichzeitig von beiden Seiten betreten und versuchen, aneinander vorbeizukommen, ohne dass eines die Markierung übertritt. Wie oft gelingt es ihnen, einander Platz einzuräumen und dabei freundlich zu bleiben?

Streitregeln aufstellen

■ Streit zwischen Geschwistern muss grundsätzlich erlaubt sein. Ein verträgliches Maß an Streitigkeiten hält das Band überhaupt erst zusammen. Auf das Wie kommt es allerdings an. Vereinbaren Sie mit Ihren Kindern Regeln, die als Grundlage für ein faires Streitverhalten gelten können:

Kinder fair, aber nicht gleich behandeln

■ Um nochmals auf die Frage zurückzukommen, die vielen Eltern und vielleicht auch Ihnen Kopfzerbrechen bereitet: Muss ich, um gerecht zu sein, meine Kinder stets gleich behandeln? Die Antwort lautet: nein. Die Erfahrung zeigt immer wieder, dass der Versuch einer Gleichbehandlung den Konflikt zwischen Geschwistern eher verschärft als mildert. Jedes Kind ist eine einzigartige Persönlichkeit, die neben seiner eigenen Position in der Geschwisterreihe auch individuelle Bedürfnisse und Eigenschaften hat. Diese Einzigartigkeit sollte in der Eltern-Kind-Beziehung zum Ausdruck kommen. Anstatt gleiche Liebe für alle Kinder zu demonstrieren, ist es besser, jedem Kind zu zeigen, dass man es auf besondere Weise liebt. Also nicht: »Ich habe euch alle gleich lieb.« Sondern: »Du bist einmalig für mich. Niemand kann je deinen Platz einnehmen.«

Etwas anderes als Gleichbehandlung ist Fairness. Hier sollten Sie mit Überlegung vorgehen, selbst wenn es nur um materielle Dinge geht. Wenn Sie einem Kind etwas schenken, darf auch das andere nicht zu kurz kommen. Es muss keineswegs das Gleiche, sollte aber etwas Gleichwertiges sein. Das gilt für kleine Mitbringsel ebenso wie für Weihnachts- und Geburtstagsgeschenke.

Trotzdem werden immer wieder Situationen auftauchen, in denen sich die Kinder unterschiedlich – und folglich ungerecht – behandelt fühlen. Das ältere Kind bekommt jedes Mal das neue Fahrrad, das zweite muss den (womöglich halb ramponierten) Drahtesel übernehmen. Das Jüngere erhält eine Belohnung, weil es im Wartezimmer des Arztes so geduldig ausgeharrt hat, schon beschwert sich das Ältere: »Mir habt ihr dafür noch nie etwas geschenkt!« Vielleicht murrt das ältere Kind auch darüber, weil es mehr Pflichten im Haushalt übernehmen muss als das jüngere. Die Tatsache, dass es andererseits gewisse Vorrechte hat, etwa abends länger aufbleiben darf, scheint ihm dagegen völlig zu entgehen.

Aufräumen mit Hindernis

»Das musst du aufräumen!« – »Nein, du!« Dieses Wortgeplänkel kommt Ihnen sicher bekannt vor. Machen Sie das Aufräumen doch mal zu einem lustigen Hindernisspiel, indem sie Ihre zwei Ordnungsmuffel an Armen und Beinen mit Schnüren aneinanderbinden. Dann geht es im Paarlauf an die Arbeit. Hier sind Geschick und Teamgeist gefragt!

Verzweifeln Sie nicht, wenn Ihnen die Ansprüche Ihrer Kinder nicht immer einleuchten wollen. Selbst Erwachsene neigen dazu, das Gras auf der anderen Seite des Zauns als grüner anzusehen.

Verschließen Sie andererseits nicht die Augen vor den Eifersüchteleien Ihrer Kinder. Eifersucht tut weh und darf nicht als Lappalie abgetan werden. Seien Sie aufrichtig zu sich selbst: Hat die Eifersucht vielleicht einen konkreten Grund? Lassen Sie einem Ihrer Kinder öfter als dem anderen etwas durchgehen? Oder loben Sie vielleicht eines Ihrer Kinder besonders oft? Wenn ja, sollten Sie das, so gut es geht, korrigieren. Das Wichtigste aber ist, dass Sie für jedes einzelne Ihrer Kinder immer wieder einen geeigneten Moment finden, in dem Sie nur für dieses Kind da sind und ihm bestätigen, wie lieb Sie es haben. <<<

Momente der Zweisamkeit

Auch wenn Sie vielleicht nur wenig Zeit haben: Versuchen Sie, für jedes Ihrer Kinder ein tägliches Ritual der Zweisamkeit zu schaffen. Das eine hat vielleicht besondere Freude daran, wenn Sie mit ihm zu einer vereinbarten Zeit ein kleines Spiel spielen, das andere möchte sich lieber eine Geschichte erzählen lassen.

Zeigen Sie jedem Ihrer Kinder, dass Sie es liebhaben. Damit schaffen Sie die Grundvoraussetzung für ein harmonisches Miteinander.

Streit zwischen kleinen Kindern entsteht oft unvermittelt und kann heftig sein

Du bist nicht mehr mein Freund!

Konflikte mit Gleichaltrigen

Wenn Zwei- und Dreijährige streiten, geht es hauptsächlich ums Mein und Dein.

■ »Gib her, das ist meiner!«, brüllt Eric (drei Jahre), springt von der Spielplatzschaukel und rennt zum Sandkasten, wo sich sein Spielkamerad Philipp mit seinem Bagger zu schaffen macht. Philipp, der die Baggerschaufel gerade mit einer Fuhre Sand beladen wollte, wappnet sich zur Verteidigung. Er legt beide Arme um das Spielzeug und klammert sich eisern daran fest. Doch Eric lässt sich nicht abwimmeln. Er packt Philipp am Arm, um den Bagger aus der Umklammerung zu befreien, während er lautstark schimpft. Die beiden Mütter, die auf der Bank eben noch entspannt miteinander geplaudert haben, werden aufmerksam. Erics Mutter steht auf, verfolgt kurz abwartend die Szene und nähert sich dann dem Kampfplatz, um die Streithähne zu trennen. Zu spät! Die Kinder zerren von zwei Seiten so verbissen an dem Spielzeug, dass die Baggerschaufel abbricht. Jetzt packt Eric die blanke Wut. Er holt aus und verpasst Philipp einen saftigen Hieb. Sein Kumpel heult auf wie eine Sirene und läuft schluchzend zu seiner Mama.

Teilen und abwarten – das fällt anfangs schwer

■ Für Eltern von Zwei- und Dreijährigen ist es immer wieder unbegreiflich: Warum nur können die lieben Kleinen nicht friedlich miteinander spielen? Da bemüht man sich als Mutter oder Vater, seinen Nachwuchs mit netten Spielkameraden in Kontakt zu bringen, arrangiert Treffen auf Spielplätzen, lädt zu nachmittäglichen Spielstunden ein – und dann das: Zuerst nehmen die Knirpse kaum voneinander Notiz, gehen jeweils ihrer eigenen Beschäftigung nach, und dann kriegen sie sich plötzlich aus nichtigem Anlass in die Wolle. Mal rangeln sie um ein einzelnes Spielzeug (obwohl die vorhandene Auswahl an Spielsachen wirklich nichts zu wünschen übrig ließe), mal kabbeln sie sich darum, wer als Erster auf die Rutsche darf.

Tatsächlich brechen Streitigkeiten unter kleineren Kindern hauptsächlich aus zwei Anlässen aus: wenn es ums Teilen geht oder darum, dem anderen den Vortritt zu lassen. Zwei- und Dreijährige sind wahrlich noch keine Meister in Sachen Geduld. Sie handeln impulsiv und sind in erster Linie darauf bedacht, die eigenen Wünsche erfüllt zu sehen. Wer diesem Bestreben im Weg steht, wird kurzerhand zur Seite geschubst. Mit Aggression oder Böswilligkeit hat das nichts zu tun, auch wenn die Erwachsenen ihr Kind in solchen Fällen gern ermahnen, »schön lieb« zu sein. Kleine Kinder sind noch nicht in der Lage, sich auf die Wünsche von anderen einzustellen.

Das macht die Sache umso schwieriger, wenn es um Besitzverhältnisse geht. Denn kleine Kinder betrachten ihre Sachen noch als einen Teil ihrer selbst, den sie nicht so ohne Weiteres hergeben können. Nur allmählich begreifen sie, dass Teilen nicht zwangsläufig mit Verlust verbunden ist. Im Gegenteil: Wer teilen und abgeben kann, bekommt von den anderen auch etwas zurück. Doch es braucht seine Zeit, bis diese Erfahrung in der Gedankenwelt des Kindes angekommen ist.

Bis dahin werden sich die Eltern immer wieder veranlasst sehen, Streitigkeiten wie die von Eric und Philipp zu schlichten. Und das erfordert kein geringes Maß an Fingerspitzengefühl, Geduld und Beherrschung – vor allem, wenn der erhoffte Erfolg zunächst über weite Strecken ausbleibt. Denn in Sachen Sozialverhalten haben Dreijährige noch einiges zu lernen.

Den eigenen Besitz zu verteidigen ist ein Recht, das auch kleinen Kindern zusteht.

Streiten Jungen anders als Mädchen?

»Jungen wehren sich mit Fäusten, Mädchen mit Worten«, heißt es manchmal. Erinnert das nicht an das alte Klischee von »männlicher Durchsetzungskraft« und »weiblicher Verständigkeit«? Und doch ist an der Behauptung etwas dran. Das liegt allerdings weniger daran, dass es Jungen an Einsicht und Verhandlungsbereitschaft mangelt. Vielmehr hinken sie in ihrer sprachlichen Entwicklung den Mädchen hinterher und tun sich deshalb schwerer, sich bei einer Auseinandersetzung verbal zu verständigen. Zudem hat man festgestellt, dass der Testosteronspiegel bei Jungen im Alter von etwa vier Jahren deutlich ansteigt. Viele gebärden sich dann aggressiver und launischer, bis der Hormonspiegel im sechsten Lebensjahr wieder absinkt.

Trotzdem hat es keinen Sinn, ein Kind bei einem Streit zur Einsicht zu zwingen. Es nützt auch nichts, mit dem Kind zu schimpfen oder ihm Strafen anzudrohen. Stattdessen sollte man ihm immer wieder begreiflich machen, dass es bessere Wege gibt, zum Ziel zu kommen: indem man beispielsweise um etwas bittet, das man gerne haben möchte, oder sich mit dem Spielgefährten bei einer Beschäftigung abwechselt.

Erste Freundschaften können deutliche Veränderungen im Sozialverhalten von Kindern bewirken.

Ein Trost für alle Eltern, denen dieser schwierige Lernprozess ein Übermaß an Geduld abverlangt: Im Lauf der Kindergartenzeit wird Ihr Kind in seinem Sozialverhalten erhebliche Fortschritte machen. Und das liegt unter anderem daran, dass es nun erste eigene Freundschaften knüpft. Einem echten Freund oder einer Freundin zuliebe wird es schon mal bereit sein, die eigenen Interessen zurückzustellen.

Jedes Kind braucht Freunde

■ Doch in welchem Alter knüpfen Kinder überhaupt die ersten eigenen Freundschaften? Diese Frage lässt sich nicht allgemein beantworten, denn das hängt weitgehend vom individuellen Entwicklungsstand ab. In den meisten Fällen geschieht das jedoch zu Beginn des vierten Lebensjahrs, also kurz nach dem Eintritt in den Kindergarten. Dann sind Kinder von ihrer sprachlichen Entwicklung her meist so weit, eigene Initiativen zu ergreifen und selber Beziehungen herzustellen. Sie begnügen sich nicht mehr allein mit den Spielgefährten, die ihre Eltern für sie ausgesucht haben. Stattdessen wählen sie nun gezielt Spielkameraden aus, für die sie Sympathie hegen und mit denen sie gemeinsame Interessen verbinden.

Gemeinsamkeiten entdecken

Bitten Sie Ihr Kind und seine Freunde, Gegenstände zusammenzutragen, die jeweils ein Kriterium der gesamten Gruppe erfüllen: zum Beispiel Dinge, die jeder in der Gruppe schön oder hässlich findet, oder Nahrungsmittel, die allen gut schmecken, oder Gegenstände, mit denen alle gemeinsam etwas bauen wollen. Bei diesem Spiel wird Ihrem Kind vielleicht zum ersten Mal bewusst werden, welche Gemeinsamkeiten es mit seinen Freunden teilt.

Keine Frage, Freunde braucht jedes Kind. Mit ihnen kann man spielen, Abenteuer erleben, Streiche aushecken, Geheimnisse teilen. Und es gibt noch vieles mehr, das gute Freunde miteinander verbindet:

- Mit Freunden verhandelt man von Gleich zu Gleich – anders als in der Eltern-Kind-Beziehung, in der gewöhnlich die Erwachsenen bestimmen, wo es langgeht.
- Im Umgang mit Freunden kann man spielerisch Kräfte messen, Fähigkeiten erproben, sich gegenseitig Lob und Anerkennung zollen, über Schwächen großzügig hinwegsehen.
- Zusammen macht es mehr Spaß, Dinge zu erforschen, neue Wissensquellen zu erschließen oder vorhandenes Wissen zu vertiefen.
- Guten Freunden kann man sich an-

vertrauen. Man kann ihnen erzählen, wovor man Angst hat, was einen traurig macht, worüber man enttäuscht oder gekränkt ist. Von ihnen fühlt man sich verstanden.

– Mit Freunden kann man sich verbünden. Das gibt jedem Einzelnen das Gefühl, wichtiger, größer und stärker zu sein. Gemeinsam lassen sich Aufgaben viel leichter erledigen, Schwierigkeiten besser bewältigen. Und sollte es einmal Ärger geben, ist es für Freunde Ehrensache, dass sie zusammenhalten – solange der Ärger nicht untereinander aufkommt.

Ist das ein Grund zum Streiten?

■ Dass Streit selbst unter besten Freunden nicht ausbleiben kann, ist klar. Nicht immer geht es dabei ums Habenwollen. Vielmehr machen Kinder die Erfahrung, dass ihre Meinungen inmitten der schönsten Harmonie unvermittelt auseinandergehen können.

Da haben sich zwei Freunde zum Beispiel in ein spannendes Rollenspiel vertieft. Sie spielen zwei Astronauten auf dem Flug durchs Weltall. Der eine befiehlt: »Fertig machen zur Mondlandung!« Der andere wird plötzlich widerspenstig: »Ich bin der Kapitän und sage, wo es langgeht! Wir fliegen zum Mars!« Schon sinkt die Stimmung auf den Nullpunkt, Schimpfwörter schwirren durch den Raum und plötzlich heißt es: »Du bist nicht mehr mein Freund!«.

Nun wird sich ein Erwachsener vielleicht fragen: Ist das ein Grund zum Zerwürfnis? Bei genauerem Hinsehen ent-

puppt sich der Streitgrund allerdings als höchst subtil: Hier geht es nicht mehr um die simple Frage von Mein und Dein, sondern um den enttäuschten Wunsch nach Gemeinsamkeit. Der Streit bewegt sich bereits auf einer höheren Ebene, indem er die freundschaftliche Beziehung einer Prüfung unterzieht: Wie steht der andere zu mir?

Gerecht geteilt

Bieten Sie Ihrem Kind und seinem Freund oder seiner Freundin eine Anzahl von Dingen an, die beide gern haben möchten, aber nicht exakt untereinander aufteilen können. Das können zum Beispiel fünf Gummibärchen, drei Spielzeugautos oder ein Ball sein. Die Kinder sollen sich Möglichkeiten überlegen, die Dinge trotzdem so zu teilen, dass jeder zufrieden ist: zum Beispiel, indem sie eines der Gummibärchen halbieren, die Gegenstände abwechselnd benutzen oder gemeinsam damit spielen.

Die Grenzen der Freundschaft austesten: Auch das gehört zum sozialen Lernprozess von Kindergartenkindern.

61

Wie Kinder Streitkultur erwerben

■ Bei Kinderstreitigkeiten werden Erwachsene schnell ungehalten, sie empfinden sie zumindest als unbequem. Dabei übersehen sie leicht, dass Auseinandersetzungen wertvolle Lernerfahrungen vermitteln können. Das Kind lernt dabei unter anderem,

- dass es zu einer Sache verschiedene Standpunkte geben kann;
- dass andere Kinder andere Gefühle und Verhaltensweisen haben als es selbst;
- dass es wichtig ist, auf solche Wesensunterschiede einzugehen;
- dass Spielregeln eingehalten werden müssen;
- dass man seine Meinung gegen Widerstände durchsetzen kann;
- dass man andererseits auch mal zurückstehen oder sich mit Misserfolgen abfinden muss.

Wenn Kinder häufig streiten, bedeutet das jedenfalls nicht, dass sie über zu wenig Sozialkompetenz verfügen. Im Gegenteil, gerade die sozial sehr aktiven Kinder sind oft in Streitigkeiten verwickelt. Viel bedenklicher ist es, wenn ein Kind nie mit anderen in Streit gerät.

Nicht Streit vermeiden, sondern Konflikte lösen lernen, lautet das Ziel.

Streitregeln anbieten

■ Es kommt also nicht so sehr auf die Häufigkeit wie auf die Art und Weise des Streitens an. Als Erwachsene sollten wir unseren Kindern helfen, eine gute Streitkultur zu erwerben, indem wir ihnen sinnvolle Streitregeln anbieten:

- Greife keine Kleineren und Schwächeren an.
- Gehe nicht in einer Gruppe auf einen Einzelnen los.
- Schlage nicht auf andere ein und werfe nicht mit Gegenständen auf sie.
- Sei bereit, dem anderen entgegenzukommen. Ein guter Streit endet mit einer Einigung, nicht mit Sieg und Niederlage.

Kinderfreundschaften anbahnen und fördern

■ Wie gesagt, in der Kindergartenzeit liegt es immer weniger in der Hand der Eltern, Kinderfreundschaften zu stiften. Trotzdem können Sie Ihrem Kind dabei helfen, Freunde zu finden.

Laden Sie öfter ein Kind zu sich nach Hause ein, mit dem Ihr Kind gern spielen möchte. Handelt es sich um ein jüngeres Kind, ist es sicher hilfreich, wenn zumindest bei den ersten Malen die Mutter dabei ist. Bieten Sie den Kindern Spiele und Beschäftigungsmöglichkeiten an, die beide gern mögen und gut beherrschen. Das gibt nicht nur Ihrem Nachwuchs Selbstsicherheit, sondern hilft vor allem dem kleinen Besucher, in der fremden Umgebung aufzutauen. Unter Umständen kann es auch hilfreich sein, wenn Sie (und die Mutter des anderen Kindes) sich für eine Weile am Spiel der Kinder beteiligen. So können Sie behutsam dafür sorgen, dass jedes Kind zum Zug kommt und keines ins Hintertreffen gerät.

Bleiben Sie auf jeden Fall in der Nähe der Kinder, bis sich die erste Befangenheit gelöst hat. Wenn das Spiel erst einmal ins Rollen gekommen ist, können Sie ruhig außer Sichtweite gehen, sollten

Mit guten Freunden kann man Geheimnisse teilen

aber als Ansprechpartner für die Kinder erreichbar bleiben. So können Sie bei Streitigkeiten, wenn nötig, behutsam eingreifen und helfen, die Wogen zu glätten.

Doch bedenken Sie bitte bei alledem: Eine Kinderfreundschaft lässt sich nicht erzwingen. Lassen Sie Ihre Hilfestellung deshalb nicht in Kontrolle oder Zwang ausarten. Wenn Sie der Ansicht sind, dass sich Ihr Kind nicht »richtig« mit seinem Spielpartner beschäftigt, und ihm Ihr Missfallen darüber zeigen, verunsichern Sie es nur oder fordern seinen Widerstand heraus. Akzeptieren Sie es einfach, wenn der Versuch trotz bester Absicht nicht geklappt hat.

Freunde in der Nachbarschaft

■ Je öfter Ihr Kind Gelegenheit hat, sich mit anderen Kindern zu treffen, desto leichter wird es ihm fallen, Freunde zu finden. Deshalb sind Kinder in der Nachbarschaft für Ihren Nachwuchs eine einmalige Chance, Freundschaften zu knüpfen. Solche Freundschaften können von längerer Dauer sein, da die Kinder meist nicht nur denselben Kindergarten, sondern danach auch dieselbe Schule besuchen und über viele Jahre in engem Kontakt bleiben.

Je aktiver sich ein Kind mit seiner Umgebung auseinandersetzt, desto leichter fällt es ihm, Freunde zu finden.

Auf Schatzsuche

Mit diesem Spieleklassiker üben Kinder, gemeinsam mit Freunden eine Aufgabe zu bewältigen: Fertigen Sie auf einem großen Papierbogen eine Geländeskizze an, in die Sie den Ort einzeichnen, wo Sie einen Schatz versteckt haben. Dann zerschneiden Sie die Skizze in mehrere Teile und verstecken sie im Gelände. Die Kinder sollen zunächst die Teile suchen und wieder zusammensetzen. Dann gehen sie gemeinsam auf die Suche nach dem Schatz, den sie gerecht untereinander teilen.

Freunde in der Nachbarschaft haben für Ihr Kind unter anderem den Vorteil, dass es sehr bald in der Lage ist, seine Kontakte eigenständig zu pflegen. Es kann seine Freunde bald ohne Ihre Begleitung besuchen und löst sich leichter aus Ihrem elterlichen Schutz, wenn es die Sicherheit hat, jederzeit nach Hause gehen zu können. Laden Sie umgekehrt auch die Nachbarskinder zu sich ein. Übernachtungsbesuche sind für Kinder besonders spannend und attraktiv; versuchen Sie deshalb, hin und wieder solche Möglichkeiten zu schaffen.

Vielleicht gibt es in Ihrer Wohngegend auch geeignete Treffpunkte, wo sich größere Kindergruppen zum Spielen zusammenfinden können. Auf Spielstraßen, in Hinterhöfen und Grünanlagen bieten sich die besten Gelegenheiten für schöne alte Kinderspiele, wie sie Ihnen vielleicht aus Ihrer eigenen Kindheit in Erinnerung geblieben sind. Solche Spiele fördern auf ganz unkomplizierte Art und Weise den Gemeinschaftssinn.

Freunde in der Nachbarschaft önnen einem Kind dabei helfen, selbstständig zu werden.

Reise nach Jerusalem – einmal anders

Dieses beliebte Gruppenspiel lässt sich in einer hübschen Variante spielen, bei der es nicht auf Schnelligkeit, sondern auf Zusammenhalt ankommt. Als Erstes werden so viele Stühle, wie es Kinder sind, zu einem Kreis angeordnet; die Sitzflächen zeigen dabei nach außen. Die Kinder gehen mit Musikbegleitung um den Stuhlkreis herum, bis die Musik stoppt. Dann springt jedes Kind auf einen Stuhl. Falls dort schon jemand sitzt, muss er ein Stück zur Seite rücken. Nach jedem Musikstopp wird ein Stuhl weggenommen, sodass es von Mal zu Mal schwieriger wird, für jedes Kind einen Platz zu finden. Sobald ein Kind stehen bleibt, ist das Spiel zu Ende. Im Idealfall dauert es jedoch so lange, bis nur noch ein Stuhl übrig ist.

Konflikte in Anwesenheit anderer Eltern

■ Wenn Ihr Kind neue Freundschaften knüpft, werden auch Sie neue Bekanntschaften machen – mit den Eltern der befreundeten Kinder. Daraus muss sich nicht zwangsläufig auch eine Freundschaft entwickeln, doch auf einen »guten Draht« sollten Sie Wert legen. So können Sie sich bei aufkommenden Schwierigkeiten leichter auf ein sinnvolles Vorgehen verständigen: Was tun, wenn die Kinder vor Ihren Augen in Streit geraten? Wann wird es nötig dazwischenzugehen und wer sollte die Initiative ergreifen? Das ist nicht immer ganz einfach zu entscheiden.

Grundsätzlich gilt: Handelt es sich bei dem Konflikt um eine eher harmlose Rangelei (Wer bekommt den Bagger? Wer darf als Erster auf die Schaukel?), halten Sie sich besser zurück und warten ab. Im Idealfall finden die Kinder selbst einen Weg, den Konflikt beizulegen. Diese Chance sollten Sie ihnen einräumen, denn Kinder lernen den konstruktiven Umgang mit Konflikten nur durch ständiges Üben (siehe auch Seite 67).

Gehen die Kinder jedoch heftiger aufeinander los und droht womöglich sogar Verletzungsgefahr, müssen die Eltern eingreifen. Das gilt ist in erster Linie für die Mutter oder den Vater des kleinen Angreifers, sofern dieser eindeutig auszumachen ist. Handelt es sich hierbei um Ihren Nachwuchs, sind Sie demnach am Zug. Gehen Sie zu den beiden Streithähnen, trennen Sie sie voneinander und halten Sie sie fürs Erste auf Abstand. Sie können Ihr Kind zum Beispiel für ein paar Minuten zum Abkühlen vor die Tür schicken oder auf sein Zimmer, falls sich der Vorfall bei Ihnen zu Hause ereignet. Fordern Sie es anschließend auf, sich bei seinem Freund oder seiner Freundin zu entschuldigen. Falls es das noch nicht kann oder sich weigert, entschuldigen Sie sich an seiner Stelle. So lernt es an Ihrem Vorbild, einen Streit mit einer versöhnlichen Geste zu beenden.

Auf keinen Fall sollten Sie Ihr Kind ausschimpfen oder gar bestrafen, weil Sie das Gefühl haben, dass die andere Mutter oder der andere Vater das von Ihnen erwartet. Ihr Kind würde sich verraten fühlen, wenn es merkt, dass Ihnen die Meinung anderer Menschen wichtiger ist als es selbst. Durch Schimpfen oder Strafen bewirken Sie außerdem gar nichts. Ihr Kind lernt dadurch nicht, sich kameradschaftlich zu verhalten.

Auf das eigene Vorbild achten

■ Wie in vielen anderen Dingen sind wir auch in Bezug auf Freundschaften Vorbilder für unsere Kinder. Deshalb sollten wir uns einmal bewusst machen: Wie gestalten wir unsere freundschaftlichen Beziehungen? Wie viel Wert legen wir selbst auf unsere Freunde? Lassen wir sie bei der geringsten Unstimmigkeit fallen oder halten wir zu ihnen? Wie gehen wir generell mit den Menschen in unserer Umgebung um? Kinder beobachten unsere Art und Weise, Freundschaften zu pflegen, sehr genau und ahmen sie nach. Sie machen sich wie die Erwachsenen kleine Geschenke, sie besuchen einander, tauschen ihre Erlebnisse aus, teilen Freuden und Kümmernisse miteinander.

Trotzdem sind selbst innige Kinderfreundschaften nicht davor gefeit, irgendwann auseinanderzubrechen. Die wenigsten halten über Jahre oder sogar ein Leben lang. Doch die Ursache ist in den seltensten Fällen ein Streit; meistens lässt sich ein solcher Bruch ja schnell kitten. Vielmehr verlagern sich die Interessen von Vorschulkindern manchmal sehr schnell und sie entdecken immer wieder neue Vorlieben und knüpfen entsprechend neue Kontakte. Das ist weder ungewöhnlich noch ein Grund, den Wert von Kinderfreundschaften zu unterschätzen. <<<

Kinderfreundschaften, die lebenslang halten, sind eher die Ausnahme.

Zoff im Kindergarten

Wie Streitigkeiten in der Gruppe gelöst werden

Kindliche Wut und Aggressionen gehören auch zum Kindergartenalltag

■ In der Bauecke der Kindergartengruppe sind drei Kinder damit beschäftigt, einen Turm aus Holzelementen zu errichten. Da stößt der vierjährige Johannes dazu. Er möchte auch einen Turm bauen. Doch die anderen Kinder haben fast alle Bausteine für sich vereinnahmt und wollen ihm keine abtre-

ten. Johannes wird wütend: Er wirft dem nächststehenden Kind einen Baustein an den Kopf, beschimpft die anderen als »Blödmänner« und bringt ihren Turm mit einem Fußtritt zum Einsturz.

Wie verhält sich die Erzieherin bei Streitigkeiten?

■ Auseinandersetzungen wie diese sind im Kindergarten gewiss keine Seltenheit. Wen sollte es wundern – treffen doch in einer Gruppe ganz unterschiedliche Charaktere, Interessen und Bedürfnisse aufeinander. Da können Reibereien nicht gänzlich ausbleiben. Zumindest wäre es unrealistisch zu erwarten, dass im Kindergarten stets friedliche Stimmung herrscht.

Andererseits haben Eltern natürlich ein berechtigtes Interesse, ihr Kind im Kindergarten gut aufgehoben und vor Übergriffen geschützt zu wissen. Der Kindergarten muss auf jeden Fall einen Schutzraum bieten, in dem die betreuenden Erzieherinnen die Verantwortung dafür übernehmen, gewaltsames Vorgehen einzelner Kinder (sowohl auf physischer als auch auf psychischer Ebene) zu verhindern und Verletzungen vorzubeugen.

Bedeutet das, dass man Kindern im Vorschulalter die Lösung von Meinungsverschiedenheiten nicht allein überlassen darf? Konflikte zwischen Kindern passieren häufig aus heiterem Himmel. Da stellt sich für Erzieherinnen oft unvermittelt die Frage, ob und wann sie eingreifen sollen.

Kinder lernen den Umgang mit Konflikten nur durch aktive Auseinandersetzung. Nimmt ihnen ein Erwachsener diese Aufgabe ab, bekommen sie das Gefühl, selber machtlos und damit auf die Hilfe Erwachsener angewiesen zu sein. Deshalb wird sich die Erzieherin in der Regel erst einmal zurückhalten und den Verlauf der Streitigkeiten genau beobachten: Kann sich das angegriffene Kind selbst verteidigen? Findet es in der Gruppe andere Kinder, die ihm beistehen? Finden die Kinder einen Weg, sich verbal auseinanderzusetzen? Artet der Streit in Handgreiflichkeiten aus?

Zeichnet sich keine Lösung ab oder droht eine Situation zu eskalieren, wird die Erzieherin auf jeden Fall schlichtend eingreifen. Sie wird beide Seiten zu Wort kommen lassen, die Kinder nach ihren Gefühlen, Bedürfnissen und Wünschen fragen und Lösungsvorschläge anbieten.

Bis dahin aber lässt sie den Kindern meist die Möglichkeit, eigenständig eine Lösung zu finden. Denn Konflikte so zu lösen, dass es am Ende keine Gewinner und Verlierer gibt, das lernen Kinder nur durch eigene Erfahrung.

Konflikte fördern soziale Kompetenzen

■ Was sagen offizielle Erziehungspläne eigentlich zum Thema Konflikte im Kindergarten? Der »Bayerische Bildungs-

Streitszenen üben

Im Kindergarten werden Konflikte aus der Erlebniswelt der Kinder manchmal spielerisch inszeniert. Ein Beispiel: Die Erzieherin spielt mit Handpuppen einen Streit zwischen zwei Kindern vor. Die beiden haben zusammen mit Legosteinen gespielt und sollen jetzt aufräumen. Da sagt das eine Kind zum anderen: »Ich hab keine Lust zum Aufräumen, mach du das alleine! Aber wehe, du verpetzt mich, dann bin ich nicht mehr dein Freund!« Nun sind die Kinder an der Reihe. Sie besprechen, wie ein Kind sich dabei fühlen könnte, wenn es von einem anderen so etwas gesagt bekommt, überlegen sich mögliche Lösungen und spielen sie mit den Handpuppen vor. Solche Streitszenen können Sie auch zu Hause mit Ihrem Kind durchspielen – entweder mit Puppen oder noch besser als Rollenspiel, weil hier durch die Mimik die Gefühle stärker zum Ausdruck kommen.

Die Erzieherin muss nicht immer eingreifen, wenn Kinder in der Gruppe in Streit geraten.

und Erziehungsplan für Kinder in Tageseinrichtungen bis zur Einschulung« beispielsweise fordert die Erzieher dazu auf, Streitigkeiten unter Kindern mehr Beachtung zu schenken und »den Umgang mit Konflikten als produktives Lernfeld und notwendigen kommunikativen Austausch zu begreifen«.

In diesem Plan werden Streitigkeiten demnach als Chance zur Weiterentwicklung beschrieben, nicht als »böse Vorfälle«, die es zu unterbinden oder zu verhindern gilt. Denn sie fördern in vieler Hinsicht die sozialen Kompetenzen der Kinder, zum Beispiel:
Kommunikationsfähigkeit und Selbstregulation: Bei einer Meinungsverschie-

denheit muss das Kind die richtigen Worte finden und sich angemessen verhalten.

Empathie: Das Kind muss lernen, sich in die Gefühle anderer hineinzuversetzen.

Rücksichtnahme: Es muss lernen, eigene Bedürfnisse zurückzustellen.

Frustrationstoleranz: Es muss lernen, mit Niederlagen fertigzuwerden.

So entwickelt das Kind in der Auseinandersetzung mit anderen Kindern auch eine Vorstellung von sich selbst: Das sind meine Stärken und meine Schwächen; so reagiere ich in Streitsituationen; hier liegen meine Grenzen (was kann ich aushalten und was nicht; was kann ich von anderen hinnehmen und was nicht?). Der »Bayerische Bildungs- und Erziehungsplan« betont dabei: »Körperliche Rangeleien sind an sich kein Zeichen von Gewalt, umgekehrt ist kommunikativer Austausch kein Garant für Gewaltvermeidung.«

Konflikte mit Gleichaltrigen bieten Kindern vielfältige Chancen, ihre sozialen Kompetenzen zu verbessern.

Wie äußert sich Gewalt unter Gleichaltrigen?

■ In der Tat kann Gewalt unter Kindern ganz verschiedene Formen annehmen. Sie äußert sich zum einen durch Handgreiflichkeiten wie Beißen, Treten, Schlagen, Kneifen oder Haareziehen (gemeint sind jedoch keine Rangeleien zwischen ebenbürtigen Altersgenossen, die im Sinne von spielerischem Kräftemessen zur normalen Entwicklung dazugehören). Zum anderen zählen zu den Formen von Gewalt verbale Angriffe (Beleidigungen, Hänseleien, Drohungen) und soziale Ausgrenzung (Mobbing).

Generell ist von Gewalt immer dann die Rede, wenn die Kräfte ungleich verteilt sind und die unterlegene Seite es auf längere Sicht nicht schafft, sich aus der Opferrolle zu befreien.

Ein gutes Selbstwertgefühl schützt vor Ausgrenzung

Sie können Ihr Kind dabei unterstützen, in der Kindergartengruppe seinen Platz zu finden, und es damit vor Ausgrenzung bewahren, indem Sie ihm helfen, ein gutes Selbstwertgefühl und Selbstvertrauen zu entwickeln.

– Fördern Sie seine persönlichen Stärken, damit es diese bei der Lösung von Konflikten gezielt einsetzen kann.
– Halten Sie sich bei Konflikten Ihres Kindes zurück, greifen Sie nur ein, wenn Ihr Kind mit der Situation überfordert ist und nicht ohne Ihre Hilfe auskommt.
– Pflegen Sie einen demokratischen Erziehungsstil. Lassen Sie Ihr Kind in geeigneten familiären Angelegenheiten mitentscheiden. So lernt es, eigene Entscheidungen zu treffen und Verantwortung für sein Tun zu übernehmen. (Näheres erfahren Sie ab Seite 86)

Potenzielle Opfer von Gewalt sind in erster Linie Kinder mit geringem Selbstwertgefühl, die in der Gemeinschaft kaum Anschluss finden und wenig Freunde haben. Solche Kinder werden leicht zur Zielscheibe von körperlichen oder verbalen Attacken, weil bei ihnen kaum mit Gegenwehr zu rechnen ist. Andererseits kann auch aggressiven Kindern eine Opferrolle zufallen, wenn ihnen von den anderen ständig der Schwarze Peter zugeschoben wird.

Ursachen von Aggressionen im Kindergarten

■ Forschungsergebnisse haben gezeigt, dass nicht nur das häusliche Umfeld und der Erziehungsstil der Eltern einen Einfluss darauf haben, wie sich ein Kind im Umgang mit Gleichaltrigen verhält. Auch die Rahmenbedingungen im Kindergarten spielen eine Rolle: Welche Beschäftigungsmöglichkeiten werden den Kindern in der Einrichtung geboten? Wie sehen der Betreuungsschlüssel und der pädagogische Einsatz

Bewegungsspiele als Ausgleich

Wenn es schon in manchen Kindergärten an Bewegungsmöglichkeiten fehlt, so gilt das für die häuslichen vier Wände umso mehr. Hier einige Anregungen für Bewegungsspiele, die selbst in beengten Räumen möglich und für ein Kind oder mehrere Kinder geeignet sind:

– Die Kinder setzen sich auf einen Stuhl und heben abwechselnd das linke und das rechte Bein, wie beim Laufen. Dann wird das Tempo der Bewegungen immer schneller, bis die Kinder so schnell trampeln wie sie können.
– Auf dem Boden werden einige Zeitungen als »Inseln« ausgelegt. Die Kinder sollen von einer Insel zur anderen hüpfen, ohne ins »Wasser« zu fallen.
– Neun Papprollen werden zu einem Kegelspiel aufgestellt. Mit einem Ball versuchen die Kinder, möglichst viele umzuwerfen.

der Erzieherinnen in der Gruppe aus? Wie attraktiv sind die Räumlichkeiten und wie großzügig das Platzangebot im Haus und im Freien? Tatsächlich ist Bewegungsmangel eine wesentliche Ursache für aggressives Verhalten von Kindern. Wenn der Platz zum Rennen und Toben fehlt, suchen sich Kinder oft ein anderes Ventil, um angestaute Wut und Energien loszuwerden.

Was können Sie tun, wenn Ihr Kind angegriffen wurde?

■ Angenommen, Ihr Kind erzählt Ihnen von einer Auseinandersetzung im Kindergarten, bei der es von einem anderen Kind so heftig ins Gesicht geschlagen wurde, dass es Nasenbluten hatte. Wie reagieren Sie?

Wenig sinnvoll wäre es, sich sofort einzumischen und einen Kommentar abzugeben (»Das ist ja unerhört!«). Hören Sie Ihrem Kind erst einmal aufmerksam zu und lassen Sie es den Vorfall ausführlich schildern, ohne ihm ins Wort zu fallen.

Nehmen Sie Ihrem Kind die Lösung von Konflikten nicht aus der Hand.

Der Kindergarten ist ein ideales Übungsfeld für den Umgang mit Konflikten

Allein dadurch können Sie ihm helfen, die möglichen Ursachen des Streits zu erkennen und Ideen zur Konfliktlösung zu entwickeln. Informieren Sie sich auch bei der Erzieherin, was passiert ist. Sie kann den Vorfall aus der Beobachterwarte schildern und Ihnen damit ein objektives Bild liefern. Vereinzelt kann es auch sinnvoll sein, die Eltern des kleinen »Täters« in ein solches Gespräch einzubeziehen. So kann jede Seite ihre Sicht der Dinge vorbringen und zur Klärung beitragen. Verzichten Sie hingegen darauf, die Eltern des betreffenden Kindes direkt anzusprechen oder anzurufen und ihnen womöglich Vorwürfe zu machen. Damit drängen Sie sie nur in die Defensive und erreichen nichts. Auf keinen Fall sollten Sie

Bei manchen Streitfällen kann ein Gespräch mit der Erzieherin hilfreich sein.

Ihr Kind ermutigen, beim nächsten Mal zurückzuschlagen. Sonst lernt es nicht, Konflikte konstruktiv und gewaltfrei zu lösen.

Und wenn Ihr Kind der Angreifer ist?

■ Es könnte auch sein, dass eines Tages plötzlich Folgendes passiert: Eine Erzieherin kommt auf Sie zu und berichtet, dass Ihr Kind in letzter Zeit immer wieder aggressiv gegen andere Kinder vorgehe. Ob Sie wohl zu einem Gesprächstermin kommen könnten?

Vermutlich wird Sie die Aussicht nicht begeistern, sich allerhand Unliebsames über Ihr Kind anhören zu müssen. Nehmen Sie den Gesprächstermin trotzdem wahr. Sie werden dabei sicher einiges über Ihr Kind erfahren, das Sie bislang nicht wussten. Denn Kinder verhalten sich in einer Gruppe Gleichaltriger oft ganz anders als zu Hause. Wehren Sie deshalb die Erläuterungen der Erzieherin nicht gleich mit der Begründung ab: »Das kann nicht sein, so kenne ich mein Kind nicht!«

Normalerweise ist auch nicht zu befürchten, dass die Erzieherin Sie nur mit Vorwürfen überhäuft und Sie dann mit der Problemlösung allein lässt. Fühlen Sie sich trotzdem ratlos, haken Sie nach. Fragen Sie, was Sie konkret tun sollen. Die Erzieherin wird Ihnen sicher wertvolle Anregungen geben und Sie bei Bedarf an eine Beratungsstelle verweisen können.

Umgekehrt können Sie der Erzieherin Informationen über Ihr Kind geben, die ihr vielleicht eine Erklärung für den bestehenden Konflikt liefern und eine neue Sicht auf das Kind vermitteln. So können sich neue Lösungswege auftun.

Am besten warten Sie nicht, bis Sie zu einem Elterngespräch »zitiert« werden. Halten Sie stattdessen guten Kontakt zur Erzieherin Ihres Kindes. Sie können zum Beispiel die Hol- und Bringzeiten nutzen, um gelegentlich ein paar Worte mit ihr zu wechseln. Viele Kindergärten bieten auch reguläre Elterngespräche an. Diese dienen dazu, Sie über die individuelle Entwicklung Ihres Kindes aus der Sicht der Fachkraft zu informieren und mögliche Schwierigkeiten frühzeitig aufzufangen.

Im Übrigen ist es gut zu wissen, dass heute immer mehr Kindertagesstätten spezielle Programme zur Gewaltprävention nutzen. Zwei davon sollen im Folgenden kurz vorgestellt werden.

Eine Methode aus Finnland

■ Ich schaff's® – so heißt eine Methode, die in einem finnischen Tageszentrum für verhaltensauffällige Kinder zwischen vier und sieben Jahren entwickelt wurde. Der Begründer der Methode, Ben Furman (siehe Buchtipp Seite 94), ging dabei von der Vorstellung aus, dass Kinder, die Verhaltensprobleme haben, bestimmte Fähigkeiten noch nicht (ausreichend) erlernt haben. Ein Kind zum Beispiel, das sofort einen Wutanfall bekommt, wenn es seinen Willen nicht durchsetzen kann, hat möglicherweise noch nicht gelernt, andere mit Worten zu überzeugen. Bei der Methode geht es

Gewaltprävention wird heute in vielen Kindergärten groß geschrieben.

Nicht aufhören, sondern anfangen

Vom »Lass das!« zum »Tu das!« – so lässt sich die Methode Ich schaff's® auf den Punkt bringen. Sie korrigiert damit eine Erziehungseinstellung, die in unserer Gesellschaft nur allzu verbreitet ist: Wir verbieten unseren Kindern ein störendes Verhalten, anstatt ihnen zu sagen, was sie tun sollen:
»Hör auf, zu schreien!« – »Bitte sprich leiser!«
»Hör auf, meine Notizblätter vollzukritzeln!« – »Du kannst das Malpapier zum Zeichnen nehmen!«
»Hör auf, nach mir zu schlagen!« – »Lass deine Wut an der Matratze aus!«

Kindern
mit schwierigen
Verhaltensweisen
fehlt oft die richtige
Orientierung.

Schritt 6 und 7: Die Kinder ermutigen, Personen auszuwählen, die als Helfer zur Seite stehen sollen. Die Helfer ihrerseits anregen, die Kinder in ihrem Selbstvertrauen und in der Zuversicht zu bestärken, dass sie die Fähigkeit auch lernen werden.

Schritt 8 und 9: Mit den Kindern planen, wie sie ihren Erfolg feiern wollen, und sie fragen, was sie anders machen werden, wenn sie ihre neue Fähigkeit gelernt haben.

Schritt 10, 11 und 12: Die Kinder ermutigen, Menschen, die ihnen wichtig sind, über ihr neues Lernprojekt zu informieren und mit ihnen zu vereinbaren, wie diese reagieren sollen, wenn sie die Fähigkeit einmal vergessen und in alte Verhaltensmuster zurückfallen. Mit den Kindern die neue Fähigkeit im Alltag üben.

Schritt 13 und 14: Mit den Kindern den Erfolg feiern, wenn sie ihre neue Fähigkeit beherrschen, und sie ermutigen, diese neue Fähigkeit an andere Kinder weiterzugeben.

Schritt 15: Mit den Kindern überlegen, welche nächste zu lernende Fähigkeit ins Auge gefasst werden kann.

Ich schaff's® ist für die Anwendung in pädagogischen Einrichtungen konzipiert. Daneben wurde auch ein begleitendes Elterncoaching-Programm entwickelt, in dem Eltern im konstruktiven Umgang mit schwierigen Verhaltensweisen ihres Kindes geschult werden. Sie werden angeleitet, ihre Kinder zu loben und Kritik oder Wünsche in konstruktiver, wertschätzender Weise zu vermitteln. Außerdem lernen die Eltern, mit anderen Personen, die sich für die

also nicht darum, unliebsame Verhaltensweisen zu unterdrücken, sondern positive Verhaltensweisen zu fördern.

Mittlerweile hat dieser Ansatz auch in Deutschland Fuß gefasst. Ich schaff's® ist ein 15-Schritte-Programm, das von speziell ausgebildeten Trainern an Erzieher und Pädagogen in Kindertagesstätten, Horten und Schulen vermittelt wird. Dies sind die Schritte:

Schritt 1 und 2: Gemeinsam mit Kindern überlegen, welche Fähigkeiten gelernt werden sollen und welche davon als Erste.

Schritt 3: Mit den Kindern klären, welche Vorteile es bringt, diese neue Fähigkeit zu lernen.

Schritt 4 und 5: Mit den Kindern einen coolen Namen für die Fähigkeit wählen und eine Kraftfigur (zum Beispiel ein Tier) aussuchen, die dabei helfen kann, die Fähigkeit zu erlernen.

Erziehung ihrer Kinder einsetzen, Kooperationsnetzwerke zu bilden. Und sie erfahren, wie sie ihrem Kind helfen können, Verantwortung für sein eigenes Tun zu übernehmen und Dinge künftig besser zu machen.

Es liegt nahe, dass von diesem Ansatz nicht nur Kinder mit besonderen Verhaltensweisen, sondern alle Kinder in der jeweiligen Einrichtung profitieren können. Es könnte sich für Ihr Kind deshalb lohnen, wenn Sie sich in Ihrer Umgebung nach einem Kindergarten beziehungsweise Hort umsehen, der nach diesem lösungsfokussierten Ansatz arbeitet.

»Faustlos« Konflikte lösen

■ Ähnliches gilt für das Gewaltpräventionsprogramm »Faustlos«, das schon etwas länger bekannt ist und bereits in mehr als 10 000 deutschsprachigen Einrichtungen zum festen Bestandteil der pädagogischen Arbeit gehört.

Um Aggressionen zwischen Gleichaltrigen aufzufangen, hat der Heidelberger Professor Manfred Cierpka das Programm Mitte der 1990er Jahre in Deutschland eingeführt. Es wurde nach amerikanischem Vorbild für den Einsatz sowohl in Schulen als auch in Kindergärten konzipiert.

Das Kindergartenkonzept besteht aus 28 Lektionen. Die Lerninhalte werden mithilfe von Fotokartons und mit zwei Handpuppen vermittelt: einem Stoffhund namens »Wilder Willi« und einer Schnecke namens »Ruhiger Schneck«. Diese beiden treten zu Beginn jeder Lektion in Aktion: Der »Wilde Willi« ist, wie sein Name schon sagt, ein vorlauter und ungestümer Geselle, der sich gern nach vorne drängt. Der »Ruhige Schneck« ist brav und schüchtern und zieht sich am liebsten ins Schneckenhaus zurück, wenn es ihm zu turbulent wird. Die beiden Handpuppen bieten den Kindern die Möglichkeit, sich mit einem der beiden Charaktere zu identifizieren: die temperamentvollen mit dem Hund, die ruhigen mit der Schnecke. Dabei erfahren die Kinder, wie zwei so gegensätzliche Temperamente trotzdem miteinander auskommen können.

So vermittelt »Faustlos« den Kindern auf spielerische Weise drei wichtige Kompetenzen, die für die Lösung von Konflikten wichtig sind:

Empathie: Zunächst lernen die Kinder die sogenannten Grundgefühle kennen: Freude, Ärger, Trauer, Neugier, Angst, Ekel, Überraschung, Verachtung. Anschließend üben sie in Rollenspielen, sich in verschiedenen Situationen in die Gefühle anderer hineinzuversetzen und angemessen darauf zu reagieren.

Impulskontrolle: Hier üben die Kinder, sich in schwierigen Situationen angemessen zu verhalten: Sie lernen zum Beispiel, wie man jemanden höflich unterbricht oder wie man ein begehrtes Objekt mit jemand anderem teilt beziehungsweise sich mit ihm abwechselt.

Umgang mit Ärger und Wut: Die Kinder lernen, mit ihrer Wut konstruktiv umzugehen, das heißt, deutlich und bestimmt aufzutreten und ihre Wünsche klar zu äußern, ohne dabei gewaltsam vorzugehen. <<<

Nicht nur Gleich und Gleich gesellt sich gern – auch gegensätzliche Charaktere können gut miteinander auskommen.

So verstehen wir uns besser

Kommunikation in der Familie

Wie sag ich's meinem Kind? Das ist für Eltern nicht immer eine leichte Frage.

■ Die fünfjährige Lara durchquert mit ihrer Mutter den Supermarkt. Sie ist stolz: Heute darf sie ganz allein die Waren aussuchen. Die Mutter hat ihr dafür eigens einen Einkaufszettel vorbereitet, auf dem sie alles aufgezeichnet hat, was gebraucht wird: Milch, Butter, Honig, Brot, Wurst, Käse ... Mit Feuereifer macht sich die Kleine ans Werk. Doch hoppla, was ist das? Lara bedient sich plötzlich am Süßigkeitenregal. »Ich glaube, du hast da was verwechselt, Schätzchen«, lächelt die Mutter milde, »Schokolade steht nicht auf deinem Einkaufszettel!« »Die brauch ich aber ganz dringend, Mama!«, beteuert die Kleine. »Das glaube ich nicht, mein Schatz, wir haben jede Menge davon zuhause im Küchenschrank«, erwidert die Mutter noch eine Spur freundlicher und fügt mit einem

aufmunternden Lächeln hinzu: »Leg die Schokolade schnell wieder zurück!« Von wegen! Lara schnappt sich den Einkaufswagen und düst ab in Richtung Kasse. »Komm sofort zurück!«, ruft ihr die Mutter hinterher – ihre Stimme ist plötzlich gar nicht mehr freundlich, »sonst gehen wir heute Nachmittag nicht auf den Spielplatz!« »Du bist so gemein«, tönt es lautstark zurück, sodass man es bis in den letzten Winkel des Supermarkts hört, »ich helfe dir nie wieder beim Einkaufen!«

Wie findet man den richtigen Gesprächsstil?

■ Kommunikation ist eine Kunst, die gelernt sein will. Wer wüsste das nicht besser als Eltern, die jeden Tag unzählige Male in Verlegenheit kommen, die passenden Worte zu finden. Was auch immer sie probieren, nichts scheint zu funktionieren. Mal reden sie in freundlichstem Ton auf ihren Nachwuchs ein – und der macht trotzdem, was er will. Mal probieren sie es mit strengem Tadel – und das Kind zieht sich gekränkt zurück.

Wie rede ich mit meinem Kind? Und wie mit meinem Partner? Auf den folgenden Seiten erfahren Sie, worauf es bei Gesprächen in der Familie besonders ankommt.

Stimmige Botschaften vermitteln

■ Zurück zu Lara und ihrer Mutter. Warum nur ist es so schwierig für Eltern, ihrem Nachwuchs ein klares »Nein« entgegenzusetzen? Weil sie wissen, dass sie damit den Protest des Kindes herausfordern. Und das kann Stress und Streit bedeuten – keine schöne Vorstellung, wenn man sich gerade in der Öffentlichkeit befindet.

Laras Mutter tappt in eine Falle, die sie sich leider selbst gestellt hat. Sie hat guten Grund, ihrer Tochter den Wunsch nach Schokolade abzuschlagen, und erklärt ihren Standpunkt einwandfrei: »Wir haben jede Menge davon zu Hause.« Doch dann gerät sie unversehens in einen Gewissenskonflikt: Sie möchte ihre eifrige kleine Helferin weder vor den Kopf stoßen noch den Eindruck erwecken, ihr Wunsch sei ihr egal. Also versucht sie, die vermeintliche Härte ihrer Entscheidung durch einen sanften, nachgiebigen Tonfall und ein Lächeln zu mildern. Damit überlässt sie ihrer Tochter die Wahl, auf welche Botschaft sie lieber hören möchte: die der Worte (»Nein!«) oder die der Stimme und des Tonfalls (»Na schön!«).

Wenn Eltern die Erfahrung machen, dass ihre Kinder nicht auf sie hören wollen, liegt das meistens daran, dass sie sich nicht stimmig verhalten: Die Art und Weise, wie sie etwas sagen, stimmt nicht mit dem überein, was sie sagen. In der Kommunikationspsychologie bezeichnet man eine solche Botschaft, wie sie Laras Mutter ihrer Tochter übermittelt hat, als inkongruent (unstimmig). Das heißt, der Inhalt des Gesagten und die nonverbalen Signale (Tonfall, Mimik, Körperhaltung und Verhalten) stimmen nicht überein.

Im Erziehungsalltag haben es Eltern des Öfteren mit solchen Situationen zu tun. Sobald sie eine Bitte formulieren, die das Kind womöglich als Zumutung auffassen könnte, setzen sie ihr freundlichstes Lächeln auf, um ihren Nachwuchs gnädig zu stimmen: »Schätzchen, würdest du bitte dein Zimmer aufräumen?« Wenn dann nach der zweiten oder dritten Aufforderung noch immer keine Reaktion folgt, verschwindet das Lächeln allmählich, die Lippen werden schmal, die Stirn kräuselt sich. Und auch der Tonfall, der bisher nach »Alles in bester Ordnung« klang, wird sich nicht mehr lange freundlich anhören – denn in Ordnung ist nun wirklich nichts.

Pantomime

Versuchen Sie einmal, sich Ihrem Kind durch Pantomime mitzuteilen: Sie bewegen lautlos Ihre Lippen, setzen Mimik und Gestik ein. Ihr Kind soll versuchen, Ihre Botschaft zu verstehen. Dieses Spiel veranlasst Ihr Kind, einmal ganz bewusst auf die Signale der Körpersprache zu achten.

Kinder wollen wissen, woran sie sind. Wenn die Eltern ihnen Botschaften vermitteln, in denen Worte, Stimme und Körperhaltung nicht übereinstimmen, widersprechen sie sich. Dann brauchen sie sich nicht zu wundern, wenn ihr Nachwuchs nicht darauf eingeht.

Freundlichkeit sollte nicht als Mittel zum Zweck eingesetzt werden.

Treten Sie mit Ihrem Kind in direkten Kontakt, damit Ihre Botschaft ankommt

Regal zurück. So macht sie ihr klar, dass sie es ernst meint.

Unstimmige Botschaften haben gerade bei einem kleineren Kind noch einen anderen Effekt: Sie verunsichern es. Ein Beispiel: Ihr dreijähriger Sohn hat bei Tisch einen Trotzanfall und schlägt mit seinem Löffel so heftig in den Teller, dass die Suppe nach allen Seiten spritzt. »Na, das hast du ja ganz toll gemacht«, schimpfen Sie ihn. Jetzt ist Ihr Kleiner völlig verwirrt: Wenn Sie sein Verhalten so toll finden, warum sind Sie dann böse auf ihn? Denn kleine Kinder können Ironie noch nicht als solche erkennen.

Spielen Sie Ihrem Kind auch kein Theater vor. Verbergen Sie Ihre echten Gefühle, Wünsche und Stimmungen weder hinter einer aufgesetzt freundlichen Miene noch hinter vermeintlich netten Worten, sondern verhalten Sie sich authentisch. Sonst fühlt sich Ihr Kind nicht ernst genommen – und Sie können nicht damit rechnen, dass es sich kooperativ verhält.

Lächeln Sie also nicht, wenn Sie Ihrem Kind etwas im Ernst vermitteln wollen. Wenn es beispielsweise wütend auf Sie losgeht und Sie es mit lächelnder Miene und sanfter Stimme ermahnen: »Aua, hör bitte auf, nach mir zu schlagen!«, dürfen Sie nicht damit rechnen, dass das Kind auf Ihre Bitte eingeht. Denn mit Ihrer Mimik und Ihrem Tonfall signalisieren Sie ihm: »Ich meine es ja gar nicht so!« Im Zweifelsfall hören Kinder viel eher auf den Tonfall als auf den Inhalt einer Äußerung.

Wie könnte Laras Mutter ihr »Nein« also stimmig vermitteln? Indem sie ihre Aufforderung kurz und bestimmt und mit ruhigem Ernst (jedoch nicht mit aufgesetzter Strenge) formuliert. Notfalls nimmt sie ihrer Tochter die Schokolade aus der Hand und legt sie selbst ins

Du benimmst dich unmöglich!

■ Stellen Sie sich einen dieser verhexten Tage vor, an denen einfach alles schiefläuft: Ihr Kontoauszug meldet rote Zahlen, da flattern zu allem Überfluss auch noch zwei dicke Rechnungen ins Haus. In der Küche türmt sich der Abwasch, da streikt auf einmal die Spülmaschine. Als Sie feststellen, dass fürs Abendessen keine Lebensmittel mehr im Haus sind, sind Sie schon reichlich genervt. Sie beschließen, rasch in den

Supermarkt zu laufen, doch dann können Sie Ihr Portemonnaie nicht finden. Panisch durchstöbern Sie alle Räume. Als Sie das Zimmer Ihrer vierjährigen Tochter betreten, stockt Ihnen der Atem: Die Kleine macht sich soeben daran, die Wandtapete mit Fingerfarben zu verzieren. In diesem Augenblick brennt Ihnen die Sicherung durch. »Ja, bist du denn von allen guten Geistern verlassen?«, schreien Sie Ihre Tochter an. Das Mädchen zuckt heftig zusammen und stößt vor Schreck einen Farbtopf um. Eine knallrote Pfütze macht sich auf dem Fußboden breit. Ihr Geschrei steigert sich zu einem Brüllen: »Du kleiner Schmutzfink, was hast du jetzt wieder angestellt. Du bist doch wirklich unmöglich! Mach, dass du hier rauskommst, sonst ...« Sie holen mit der Hand aus, als wollten Sie Ihre Tochter schlagen, und die Kleine sucht weinend das Weite.

Mal ehrlich: Könnte Ihnen ein solcher emotionaler und verbaler Ausrutscher niemals passieren? Wahrscheinlich müssten sich die meisten Eltern auf diese Frage eingestehen: Doch, das könnte sehr wohl sein. Jeder Mensch kommt hin und wieder in eine Situation, in der er völlig die Nerven verliert, und er etwas sagt und tut, was jemanden anderen sehr verletzt. Doch was genau ist an der oben beschriebenen Schimpftirade so verletzend?

Es ist jedenfalls nicht nur das laute Zornesgebrüll. Wenn wir uns die Sätze nochmals ansehen, wird die Sache schnell klar: Es handelt sich durchweg um Du-Botschaften, Äußerungen also, die ausschließlich das Gegenüber betreffen. Solche Du-Botschaften bringen – besonders in Stresssituationen – häufig Vorwürfe und Herabsetzungen, manchmal auch Drohungen zum Ausdruck:

»Ja, bist du denn von allen guten Geistern verlassen?« (Herabsetzung) – »Du kleiner Schmutzfink« (Herabsetzung), »Was hast du jetzt wieder angestellt? (Vorwurf) – »Du bist doch wirklich unmöglich!« (Herabsetzung) – »Mach, dass du hier rauskommst, sonst ...« (Drohung).

Klar ausgedrückt

Manchmal haben Du-Botschaften einen doppelten Nachteil: Sie wirken nicht nur verletzend, sondern stiften auch unnötige Verwirrung. Wenn Sie bei Tisch zum Beispiel zu Ihrem Kind sagen: »Du benimmst dich unmöglich!«, wird ihm dadurch nicht unbedingt klar, worüber Sie sich ärgern und was Sie von ihm erwarten. Verwenden Sie stattdessen eine eindeutige Ich-Botschaft: »Ich möchte, dass du mit Messer und Gabel isst.«

Lernen Sie, von sich zu sprechen

■ Ganz anders verhält es sich mit Ich-Botschaften: »Ich bin völlig gestresst. – Ich brauche dringend Hilfe.« Solche Sätze bringen Gefühle, Stimmungen und Wünsche authentisch zum Ausdruck, ohne jemanden zu verletzen. Mehr noch, eine Ich-Botschaft gibt dem Gegenüber zu verstehen: Ich traue dir zu, dass du meine Gefühle verstehst und darauf Rücksicht nimmst. Das ist eine schöne Anerkennung.

Besonders in Stresssituationen sollten Sie sich vor Du-Botschaften hüten.

Es lohnt sich daher, vom Du auf das Ich umzusteigen – was oft gar nicht so einfach ist. Denn die meisten von uns neigen dazu, sich in Du-Sätzen auszudrücken. Das mag daran liegen, dass wir selbst vorwiegend mit Du-Botschaften aufgewachsen sind (»Du bist ...« – »Du musst ...« – »Du darfst nicht ...«) und sie entsprechend verinnerlicht haben.

Versuchen Sie trotzdem, die Kunst der Ich-Botschaften zu erlernen, auch wenn es anfangs schwierig sein mag und Sie vielleicht feststellen, dass Sie immer wieder in alte Gewohnheiten zurückfallen. Die folgende kleine Übung kann Ihnen dabei helfen. Vergleichen Sie die Du- und Ich-Sätze in den ersten drei Beispielen miteinander. Lesen Sie dann die drei nachfolgenden Du-Sätze, versuchen Sie, sich eine entsprechende Situation vorzustellen, und formulieren Sie dazu einen passenden Ich-Satz:

Vielen Eltern fällt es schwer, sich in Ich-Botschaften auszudrücken, weil sie es nicht gewohnt sind.

Der Unterschied liegt in der Wirkung

Wie unterschiedlich Du- und Ich-Botschaften wirken können, zeigt sich besonders deutlich an diesem Beispiel: Stellen Sie sich vor, Ihr Nachwuchs rennt im Übermut auf die Straße, ohne auf den Verkehr zu achten. Sie sprinten hinterher und schimpfen vor lauter Schreck lauthals auf das Kind ein: »Was fällt dir ein, einfach so auf die Straße zu rennen? Du hast wohl den Verstand verloren!« Verständlich, wenn sich das Kind durch diese Du-Sätze niedergemacht fühlt. Es hat ja keine Ahnung, welche Botschaft tatsächlich dahinter steckt: »Ich habe solche Angst um dich gehabt! Ich will nicht, dass dir etwas passiert, weil ich dich so lieb habe.«

– »Du störst schon wieder fürchterlich.« – »Ich kann mich nicht konzentrieren, wenn es so laut ist.«
– »Du bist vielleicht schwer von Begriff.« – »Ich weiß nicht, wie ich es erklären soll.«
– »Du Faulpelz, jetzt tu doch endlich was!« – »Ich brauche deine Hilfe.«
– »Du hast mir gerade noch gefehlt.« – (...)
– »Du bist schrecklich lästig.« – (...)
– »Du hörst augenblicklich damit auf, sonst ...« – (...)

Ein wenig Übung vorausgesetzt, werden Ihnen die Ich-Botschaften mit der Zeit sicher immer leichter fallen. Hilfreich ist außerdem, sich vergangene Streitsituationen nochmals vor Augen zu führen, in denen Sie Ihr Kind vielleicht schon einmal mit Du-Botschaften verletzt haben. Überlegen Sie im Hinblick auf ein mögliches nächstes Mal, wie Sie die verletzenden Du-Sätze in geeignete Ich-Botschaften umwandeln können. Sie werden staunen, wie effektiv Sie dadurch Konflikte entschärfen und die Beziehung zu Ihrem Kind verbessern können.

Reden wir nochmals darüber

■ Mit Ich-Botschaften können Sie wirksam verhindern, dass ein Konflikt eskaliert. Doch was tun, wenn die Sache bereits geschehen ist und Sie in einer Konfliktsituation wie oben beschrieben entgleist sind? Vermutlich wird Ihnen die Sache sofort furchtbar leidtun, sie lässt sich aber nun mal nicht mehr rückgängig machen.

Viele Menschen neigen in solchen Situationen leider dazu, so zu tun, als ob nichts gewesen wäre, weil sie sich für ihr Verhalten schämen. Doch das hilft nicht weiter. Ihr Kind wird eine Weile nach dem Vorfall wahrscheinlich wieder zur Tagesordnung übergehen, doch die Kränkung, die Sie ihm zugefügt haben, ist damit nicht aus der Welt geschafft. Warten Sie deshalb zunächst ab, bis sich die größte Aufregung gelegt hat. Dann gehen Sie zu Ihrem Kind, entschuldigen sich bei ihm und erklären ihm in einfachen Worten, was da bei Ihnen abgelaufen ist: »Weißt du, ich war schon die ganze Zeit furchtbar genervt, weil so vieles heute schiefgelaufen ist. Dann konnte ich plötzlich meinen Geldbeutel nicht mehr finden, das hat mich noch mehr aufgeregt. Und als ich dann gesehen habe, dass du mit den Fingerfarben

Ich-Sätze, die Mut machen

Nicht nur in Konfliktsituationen sind Ich-Botschaften hilfreich. Manchmal lässt sich auch ein anerkennendes Wort in einer schönen Ich-Form zum Ausdruck bringen: »Ich bin so stolz auf dich« – »Ich freue mich mit dir über deinen Erfolg«. Klingen solche Worte nicht wesentlich besser als »Du bist super«? Wenn Sie Ihr Kind in dieser Form ansprechen, bringen Sie damit nicht nur Anerkennung, sondern auch Zuneigung zum Ausdruck. Natürlich ist es nicht immer möglich, ein Lob in eine Ich-Botschaft zu verpacken. Nutzen Sie daher die Gelegenheit, wenn sie sich bietet.

die Wand anmalst, habe ich auf einmal die Nerven verloren. Es tut mir sehr leid, dass ich dich so angebrüllt habe, das war nicht meine Absicht.« Mit einer solchen Entschuldigung können Sie wieder ein vertrauensvolles Verhältnis schaffen.

Metakommunikation hilft Konflikte bereinigen

■ Den Hintergrund des eigenen Verhaltens erklären – das ist auch bei wiederkehrenden Konflikten hilfreich. Metakommunikation nennt man diese Vorgehensweise, was so viel bedeutet wie »über das Reden reden«: Man unterhält sich darüber, wie man in bestimmten Situationen miteinander redet und umgeht. Wichtig ist dabei, dass man die jeweilige Gesprächssituation aus einem Abstand betrachtet, weil sie sich so besser überschauen und leichter bereinigen lässt. Und das geht so:

Einen Fehler eingestehen – das ist der erste Schritt zur Versöhnung.

Für eine liebevolle Familienatmosphäre ist eine offene Kommunikation wichtig

Wenn Gespräche häufig aus dem Ruder laufen, kann es sinnvoll sein, über den gegenseitigen Umgang zu reflektieren.

Wenn Sie mit Ihrem Kind in eine Auseinandersetzung geraten, die immer heftiger zu werden droht, steigen Sie erst einmal aus der Situation aus: »Ich glaube, so kommen wir nicht weiter. Wir brauchen jetzt erst mal eine Pause, bis wir uns beide beruhigt haben.« Nehmen Sie das Gespräch später wieder auf. Doch schneiden Sie nicht das strittige Thema an, sondern sprechen Sie darüber, wie Sie vorher im Streit miteinander umgegangen sind, und legen Sie dabei Ihre Motive offen: Warum habe ich mich so verhalten? Was wollte ich damit bezwecken? Woran könnte es gelegen haben, dass sich die Situation zwischen uns so aufgeheizt hat? Kommen solche Situationen öfter vor? Welche Wörter benutzen wir dann besonders häufig, gibt es re-gelrechte Reizwörter? Was bringt uns sonst noch auf die Palme?

Für kleinere Kinder sollte man das Vorgehen vereinfachen (siehe Kasten), denn für sie ist es in dieser ausführlichen Form sicher noch zu anspruchsvoll. Doch je älter und sprachgewandter Ihr Kind wird, desto wirksamer lassen sich Konflikte und Missverständnisse auf diese Weise aus einer gesunden Distanz bereinigen.

Aktiv zuhören – wie geht das?

■ Der sechsjährige Leon sitzt mit seinen Eltern beim Abendessen. Mit düsterem Gesicht stochert er in seinem Teller herum und ist mit den Gedanken sichtlich woanders. »Leon, was ist denn,

Über das Reden reden

Metakommunikation ist in vereinfachter Form auch mit kleineren Kindern möglich, zum Beispiel so:

– »Der Ton, in dem wir miteinander reden, gefällt mir gar nicht.«
– »Ich mag mich nicht beschimpfen lassen. Wenn du etwas erreichen willst, musst du anders mit mir reden.«
– »Ich wünsche mir, dass du mir zuhörst. Was kann ich tun, damit du auf mich hörst?«

warum willst du nichts essen? Du magst doch sonst so gerne Pizza. Ist dir irgendeine Laus über die Leber gelaufen?«, fragt die Mutter teilnahmsvoll. Keine Antwort. »Hast du vielleicht was ausgefressen?«, hakt der Vater nach. Schweigendes Kopfschütteln. »Na komm, jetzt mal raus mit der Sprache, so schlimm wird es wohl nicht sein«, versucht es der Vater noch einmal. Wortlos verlässt der Junge den Tisch und zieht sich in sein Zimmer zurück.

Kinder sind in ihrer Gesprächsbereitschaft sehr unterschiedlich – nicht anders als Erwachsene. Die einen reden unbefangen drauflos und erzählen alles, was ihnen durch den Kopf geht. Die anderen tun sich schwer, aus sich herauszugehen, so sehr die Eltern auch versuchen, ihnen eine Auskunft zu entlocken. Da helfen auch die

typischen Ermunterungen im Sinn von »Jetzt erzähl doch auch mal was!« nicht weiter. Im Gegenteil, sie wecken beim Kind höchstens den (manchmal berechtigten) Verdacht, dass die Eltern nur Erfreuliches hören wollen, bloß nichts Unliebsames. Dabei würde es dem Kind gerade dann helfen, aus sich herauszugehen, wenn es etwas auf dem Herzen hat, wie es bei Leon offenbar der Fall ist. Was tun?

Der Türöffner – eine Einladung zum Gespräch

■ Wahrscheinlich ist die Situation am Esstisch für einen Gesprächsbeginn nicht sonderlich geeignet, weil sich das Kind schnell von zwei Seiten in die Zange genommen fühlt. Je verschlossener ein Kind ist, desto wichtiger ist es, einen günstigen Moment abzuwarten, bevor man es anspricht, beispielsweise so: »Du hast etwas auf dem Herzen, nicht wahr? Sprich nur, ich höre zu.«

Kinder, die etwas auf dem Herzen haben, tun sich oft besonders schwer, aus sich herauszugehen.

Manchmal genügt schon ein aufmerksamer Blick und ein Kopfnicken, um dem Kind Mut zu machen. Fängt es dann zu reden an und sucht nach den richtigen Worten, hilft oft ein sogenannter Türöffner, um es zum Weitersprechen zu ermutigen. Das ist eine knappe Äußerung, die jeden eigenen Kommentar ausspart, etwa »Nur zu!« oder »Aha!«.

Wenn die Erzählung in Gang kommt, sollten die Eltern sehr gut zuhören, um welches Thema es auch immer gehen mag. Nehmen wir an, Ihr Kind berichtet, dass es mit seinem besten Freund in Streit geraten ist. Hören Sie genau zu, ohne es zu unterbrechen. Kleine Erzählpausen sollten Sie jedoch nutzen, um möglichst in eigenen Worten zusammenzufassen, wie Sie die Ausführungen Ihres Kindes verstanden haben, gehen Sie dabei auch auf seine Gefühle ein: »Ihr seid also beim Fußballspielen zusammengeprallt und habt euch ge-

Auch eine Puppe kann zuhören

Wenn Ihr Kind traurig, verletzt, frustriert oder ängstlich ist, fällt es ihm möglicherweise leichter, mit einer Handpuppe anstatt direkt mit Ihnen zu sprechen. Fertigen Sie zu diesem Zweck eine solche Puppe an: Es genügt, wenn Sie an einen alten Waschlappen oder eine Socke zwei Knöpfe als Augen annähen. Dann leihen Sie der Handpuppe Ihre Stimme und lassen sie an Ihrer Stelle zum aktiven Zuhörer werden. So erleichtern Sie es Ihrem Kind, sich auszusprechen und zu eigenen Lösungen zu kommen.

genseitig beschimpft und gestritten. Und das macht dich jetzt traurig.« Damit zeigen Sie Ihrem Kind nicht nur, dass Sie bei der Sache sind, sondern auch, dass Sie seine Gefühle verstehen. Das ermutigt es zum Weitersprechen.

Plötzlich reißt der Gesprächsfaden

■ Es kann allerdings sein, dass ein Gespräch, kaum dass es angefangen hat, plötzlich ins Stocken gerät. Das geschieht gewöhnlich nicht ohne Grund. Oft liegt es an typischen Reaktionsweisen der Eltern auf eine Äußerung, die ihnen missfällt. Angenommen, das Kind versucht zu beschreiben, wie sich der Streit mit dem Freund abgespielt hat, da fallen ihm die Mutter oder der Vater plötzlich ins Wort und sagen: »Den Streit hast also du angefangen, dann bist du aber selber schuld!«. Wer sein Kind auf diese Weise kritisiert und beschuldigt, muss sich nicht wundern, wenn es verstummt.

Der amerikanische Psychologe Thomas Gordon (1918-2002) hat in seinem Erziehungsklassiker »Familienkonferenz« (siehe Buchtipp Seite 94) noch viele andere ungünstige Reaktionen beschrieben, die ein Eltern-Kind-Gespräch vorzeitig beenden können. Einige davon könnten in unserem Beispiel etwa so aussehen:

Befehlen: »Du gehst jetzt sofort zu deinem Freund und entschuldigst dich, hörst du?«

Warnen: »Wenn du dich nicht anständig benimmst, will dich bald keiner mehr zum Freund haben.«

Im Gespräch zeigen wir Kindern unsere Zuneigung

Moralisieren: Eine Freundschaft ist etwas sehr Wertvolles, die musst du gut pflegen!«

Belehren: »Beim Fußballspielen muss man eben Rücksicht nehmen.«

Beraten: »Am besten besuchen wir zwei jetzt deinen Freund, dann wird sich die Sache schnell klären.«

Loben: »Gut, dass du deinem Freund gleich auf die Beine geholfen hast; er hatte eigentlich gar keinen Grund, mit dir zu streiten.«

Aufmuntern: »Na komm, lass uns etwas spielen, dann kommst du auf andere Gedanken.«

Nun fragen Sie sich vielleicht, was an Beratung, Lob und Aufmunterung falsch sein soll. Ganz allgemein natürlich nichts. Nur in Situationen wie dieser sind diese Reaktionen oder auch Trösten und Bemitleiden mit Vorsicht zu gebrauchen. Denn sie vermitteln dem Kind die unterschwellige Botschaft: Ich nehme deine Gefühle nicht ernst und ich traue dir nicht zu, dass du selber eine Lösung findest.

Und genau darum geht es beim aktiven Zuhören: dem Kind eine Möglichkeit zu geben, durch die Aussprache zu einer eigenen Lösung zu gelangen. Halten Sie sich daher mit Ratschlägen und Belehrungen zurück, auch wenn es Ihnen schwerfallen mag, weil Sie glauben, es besser zu wissen als Ihr Nachwuchs. Nur wenn Ihr Kind ungehindert erzählen kann, hat es die Chance, eigene Lösungswege zu entdecken. Und wenn es keine findet, können Sie ihm immer noch Ihre Hilfe anbieten.

Im Familienleben bieten sich immer neue Möglichkeiten, das eigene Kommunikationsverhalten zu verbessern.

Was Vorwürfe und Verall-gemeinerungen bewirken

Versuchen Sie, sich bei Meinungsver-schiedenheiten mit Vorwürfen zurück-zuhalten. Das ist sicher nicht einfach, wenn Emotionen im Spiel sind. Doch Vorwürfe bewirken nur Negatives, vor allem wenn sie mit verallgemeinernden Begriffen wie »immer«, »jedes Mal«, »ständig«, »dauernd«, »nur« oder »nie« einhergehen. Sie verärgern den Gesprächspartner und fordern seinen Widerspruch heraus. Vermeiden Sie deshalb Sätze wie diese: »Du machst doch nur, was du willst.« – »Jedes Mal reagierst du beleidigt.« – »Dauernd fällst du mir ins Wort.« – Ständig kritisierst du mich.«

Sinnvolle Kommunikations-regeln für die ganze Familie

■ Nicht nur im Gespräch mit ihrem Nachwuchs, sondern auch untereinan-der können Eltern schon mal um die rechten Worte verlegen werden. Vor allem wenn Meinungsverschiedenhei-ten auftreten, hängt es ganz von einem konstruktiven Kommunikationsverhal-ten ab, ob die Auseinandersetzung zu einer einvernehmlichen Lösung führt. Die folgenden Kommunikationsregeln können dabei hilfreich sein.

Ich-Botschaften verwenden: Diese Empfehlung gilt für die Kommunikation unter Erwachsenen genauso wie mit Kindern. Statt den Partner mit Vorwür-fen und Herabsetzungen in die Defen-sive zu drängen, ist es besser, eigene Wünsche und Gefühle in Form von Ich-

Botschaften zu äußern: »Ich möchte nicht mir dir streiten, sondern gemein-sam mit dir eine Lösung finden.«

Beim Streiten konkret bleiben: Ver-meiden Sie Verallgemeinerungen. Sie machen Ihren Gesprächspartner nur wütend, weil er sich dadurch in seiner Persönlichkeit angegriffen fühlt. Sie reizen also zum Widerspruch und len-ken überdies von der konkreten Situa-tion ab.

Beim Thema bleiben: Argumentieren Sie wirklich nur zum Thema. Ist ein Gespräch erst einmal auf Abwege ge-raten, wird es schwierig, wieder zum Ausgangspunkt zurückzukehren. Das Ziel einer einvernehmlichen Lösung rückt damit in weite Ferne.

Auf den Gesprächspartner eingehen: Verteidigen Sie nicht in endlosen Er-klärungen immer wieder nur Ihren eigenen Standpunkt. Versuchen Sie stattdessen, die Sache auch aus der Perspektive Ihres Gesprächspartners zu sehen. Das hilft ihm, seinerseits von der Verteidigungsposition abzurücken und Ihnen ebenfalls ein Stück entgegenzukommen.

Aktiv zuhören: Auch diese Empfehlung kennen Sie bereits (siehe Seite 80). Hören Sie Ihrem Partner gut zu und fassen Sie seine Äußerungen möglichst in eigenen Worten zusammen. So lassen sich mögliche Missverständnisse leichter aufdecken und ausräumen und es hilft Ihnen, sich in die Lage Ihres Gesprächspartners zu versetzen.

Aussagen nicht einseitig interpretieren: In Gesprächen kommt es immer wieder vor, dass eine Bemerkung ganz anders aufgefasst wird, als sie eigentlich gemeint war. Die Kommunikationspsychologie hat herausgefunden, woran das liegt: Im Grunde lässt sich jede beliebige Äußerung auf vier verschiedene Weisen interpretieren, nämlich unter dem Sachaspekt, dem Beziehungsaspekt, dem Selbstoffenbarungsaspekt und dem Appellaspekt. Dazu ein Beispiel. Nehmen wir an, Ihr Partner oder Ihr Kind sagt zu Ihnen: »Der Kuchen schmeckt verbrannt.« Unter dem Sach-

aspekt ist dieser Satz als reine Zustandsbeschreibung zu verstehen – der Kuchen war eben zu lange im Backofen. Unter dem Beziehungsaspekt, der eine persönliche Bewertung enthält (Was hält der andere von mir?), könnten Sie die Bemerkung als Vorwurf auffassen: »Nicht einmal einen Kuchen kannst du backen.« Unter dem Selbstoffenbarungsaspekt, der etwas über den Sprecher selbst aussagt, könnten Sie den Satz so verstehen: »Ich hatte mich schon so auf den Kuchen gefreut.« Und als Appell formuliert könnte die Äußerung bedeuten: »Pass das nächste Mal ein bisschen besser auf, wenn du einen Kuchen backst!«

Achten Sie deshalb darauf, dass Sie die Äußerungen Ihres Gesprächspartners nicht einseitig, beispielsweise nur als Vorwurf interpretieren. Denken Sie vielmehr daran, dass es noch andere Deutungsmöglichkeiten gibt.

So manche Streiterei entsteht aus einem reinen Missverständnis.

Kinder lernen von den Eltern

■ Ein konstruktiver Kommunikationsstil ist gewiss nicht leicht zu erlernen. Viele Erwachsene tun sich schwer damit, weil sie es in der eigenen Kindheit nicht gelernt haben. Dennoch lohnt sich die Mühe, an den eigenen kommunikativen Fähigkeiten zu feilen. Davon kann auch Ihr Kind profitieren, wenn es sich an Ihrem Vorbild orientiert und dadurch Selbstsicherheit im Umgang mit anderen bekommt. Und im Familienrat, der im nächsten Kapitel beschrieben wird, kann ein gutes Gesprächsklima ebenfalls nur von Vorteil sein. <<<

Typisch männlich – typisch weiblich

Linguisten haben herausgefunden, dass Männer bevorzugt auf der Sachebene kommunizieren, während sich Frauen eher auf der Beziehungsebene bewegen. So entstehen leicht Missverständnisse, wenn man sich nicht auf derselben Bedeutungsebene begegnet.

Eine Familie ist wie ein Team, in dem jeder seinen festen Platz hat

Demokratie will gelernt sein

Der Familienrat tagt

■ Das Abendessen ist beendet, die ganze Familie erhebt sich vom Tisch. Miriam (sieben Jahre) will sich gerade auf ihr Zimmer zurückziehen, da ruft die Mutter sie zurück:

»Halt, Miriam, du hast den Tisch noch nicht abgeräumt. Das ist deine Aufgabe!«

»Immer ich!«, mault Miriam, »warum nicht mal Felix?«

»Felix hat eine andere Aufgabe, das weißt du doch, er trägt den Müll raus.«

»Na klar, alle drei Tage, wenn überhaupt! Ich finde das ganz schön ungerecht! Bloß weil Felix ein bisschen jünger ist als ich, muss er noch lange nicht faulenzen!«

Die Mutter wirft einen Blick in die Runde: »Da ist was dran. Gut, dass wir uns am Samstag sowieso zusammensetzen, da können wir vielleicht neue Vereinbarungen treffen.«

Wer sollte in einer Familie Regelungen und Entscheidungen treffen: die Mutter, der Vater, beide Eltern – oder Eltern und Kinder gemeinsam? Der Psychologe und Psychiater Rudolf Dreikurs (1897-1972) vertrat dazu einen eindeutigen Standpunkt: Damit sich Kinder zu selbstständigen und verantwortungsbewussten Persönlichkeiten entfalten können, sollten sie so früh wie möglich in familiäre Entscheidungen einbezogen werden und lernen, Verantwortung zu übernehmen.

Mit diesem Ziel hat Dreikurs vor Jahrzehnten eine Einrichtung entwickelt, die ein demokratisches Miteinander in der Familie fördern sollte: den Familienrat (siehe Buchtipp Seite 94). Eltern und Kinder kommen in regelmäßigen Abständen zusammen und tauschen sich über familieninterne Angelegenheiten aus. Geeignet ist jedes Familienthema, von der Verteilung der Haushaltspflichten über bestehende Streitigkeiten bis hin zur Planung von gemeinsamen Unternehmungen.

Regeln für den Familienrat

■ Der Familienrat nach Dreikurs funktioniert nach ganz bestimmten Regeln. Diese sind nicht unbedingt verpflichtend, das heißt, jede Familie kann sie für ihren Bedarf abändern. Dennoch empfiehlt es sich, auf möglichst viele der folgenden bewährten Grundsätze zurückzugreifen.

Regelmäßige Termine: Die Abstände zwischen den einzelnen Terminen sollten möglichst schon beim ersten Treffen festgelegt werden. Dreikurs empfahl, den Familienrat einmal pro Woche einzuberufen; die Zusammenkunft sollte demnach immer zu einer bestimmten Stunde an einem festgelegten Tag der Woche stattfinden. Doch auch größere Abstände sind ohne Weiteres möglich. Hat man sich jedoch auf einen Termin geeinigt, sollte er nicht ohne Zustimmung der ganzen Familie geändert werden.

Teilnahme: Niemand ist gezwungen, an einem Treffen des Familienrats teilzunehmen. Hat jemand keine Lust dazu, muss er allerdings akzeptieren, dass von den anderen Beschlüsse ohne ihn gefasst werden.

Klima der Achtsamkeit

Der Familienrat ist ein erprobtes Instrument für einen achtsamen, respektvollen Umgang miteinander. Seine wichtigsten Merkmale machen das deutlich:

- Im Familienrat gelten alle Mitglieder als gleichwertig, unabhängig vom Alter und der Stellung innerhalb der Familie.
- Jedes Mitglied kann einen Vorschlag machen und sich zu den Vorschlägen der anderen äußern. Jeder Beitrag gilt als wert, gehört zu werden.
- Auch wenn es in der Besprechung vorwiegend um Themen geht, die Anlass zur Unzufriedenheit geben, wird stets das Positive in den Vordergrund gestellt, nicht das, was schief läuft in der Familie.
- Regeln werden gemeinsam festgelegt und sind für alle gleichermaßen gültig.
- Entscheidungen werden, soweit möglich, einstimmig getroffen und jedes Mitglied soll daran mitwirken.

Wer die Vorteile des Familienrats erkannt hat, wird gern an den regelmäßigen Sitzungen teilnehmen.

Leitung: Den Vorsitz des Familienrats übernimmt jedes Mal ein anderes Mitglied der Familie. Auch Kinder können an die Reihe kommen, sofern sie bereits im Schulalter sind. Der Vorsitzende ist dafür verantwortlich, dass die Gesprächsregeln eingehalten werden. Er ist jedoch nicht berechtigt, Anweisungen zu erteilen.

Tagesordnung: Der Familienrat sollte eine klare Struktur haben. Zu diesem Zweck gibt es bei jeder Versammlung eine Tagesordnung. Das muss keine lange Liste von Tagesordnungspunkten sein. Es genügt schon, wenn nur zwei Punkte auf der Liste stehen, beispielsweise »Wichtiges aus der vergangenen Woche« und »Wichtiges für die kommende Woche«.

Protokoll: Ebenso wie den Vorsitz übernimmt auch das Amt des Protokollführers bei jeder Sitzung ein anderes Familienmitglied. Im Protokoll werden die Ergebnisse der Beratung festgehalten. So lassen die Einträge im Lauf der Jahre eine Art Familienbiografie entstehen.

Reihenfolge der Beiträge: Im Familienrat hat jeder das Recht, sich frei zu äußern, ohne von anderen unterbrochen zu werden. Der Vorsitzende achtet darauf, dass diese wichtige Regel immer eingehalten wird. Ebenso darf niemand in der Versammlung das Gespräch an sich reißen. Im Zweifelsfall muss er warten, bis ihm der Vorsitzende das Wort erteilt.

Freie Äußerung: Jedes Mitglied darf so sprechen, wie es seiner Gemütslage entspricht: herausfordernd, emotionsgeladen, genervt, gelangweilt. Beleidigende Äußerungen sind jedoch tabu. Ansonsten wird die Art und Weise, wie jemand spricht, nicht kommentiert, auch nicht nach der Versammlung.

Offenes Forum: Zulässig sind alle Themen, die die gesamte Familie betreffen; es gibt keine Zensur. Nur persönliche Angelegenheiten sollten aus dem Familienrat herausgehalten werden. Dazu gehören Ehestreitigkeiten ebenso wie religiöse oder politische Anschauungen und persönliche Sympathien oder Abneigungen gegenüber Personen, die nicht anwesend sind.

Einstimmige Beschlüsse: Entscheidungen des Familienrats gelten nur,

Das Prinzip der Gleichberechtigung einhalten

Manche Eltern betrachten den Familienrat als günstige Gelegenheit, ihren Kindern zu sagen, was sie tun und wie sie sich verhalten sollen. Doch damit verletzen sie das Prinzip der Demokratie und Gleichberechtigung und gefährden den Erfolg des Familienrats. Halten Sie sich daher mit Belehrungen, Kritik und Anordnungen zurück, auch wenn Sie befürchten, dass ohne Ihre ordnende Macht die Versammlung im Chaos endet. Möglicherweise werden Sie mit Staunen erleben, wie gut Ihre Kinder von ihren demokratischen Rechten Gebrauch machen, wenn Sie ihnen nur freie Hand lassen.

wenn sie einstimmig getroffen wurden, also jedes anwesende Mitglied seine Einwilligung gegeben hat. Mehrheitsbeschlüsse eignen sich nicht für den Familienrat, denn die überstimmte Minderheit würde sich nur ausgebootet fühlen und wäre kaum bereit, die getroffene Entscheidung mitzutragen.

Gültigkeit von Entscheidungen: Die Beschlüsse eines Treffens sollten mindestens bis zur nächsten Versammlung eingehalten werden. Bis dahin wird nicht mehr darüber diskutiert. Jedes Mitglied hat sich an die Vereinbarungen zu halten. Weicht ein Familienmitglied trotzdem davon ab, indem es eine vereinbarte Regelung vernachlässigt, steht es den anderen frei, entsprechend zu reagieren. Wer beispielsweise seine schmutzige Kleidung im Zimmer liegenlässt, anstatt sie ordnungsgemäß in die Wäsche zu geben, darf nicht damit rechnen, sie bei Bedarf frisch gewaschen im Schrank vorzufinden.

Das Familienrat-Training nach Dreikurs

■ Möglicherweise werden Sie jetzt denken: Familienrat schön und gut – aber ist es nicht viel zu kompliziert, all diese Regeln im Kopf zu behalten und erst recht, sie in die Praxis umzusetzen? Der Einwand ist auf jeden Fall berechtigt.

Der Verein für praktizierte Individualpsychologie (VpIp) bietet deshalb ein Familienrat-Training nach Dreikurs für Eltern, Kinder, Großeltern und Erzieher an (www.familienrat.eu). Hier erfahren Sie alles Wesentliche zur Gründung eines Familienrats: Wie lässt sich der Familienrat schrittweise zu Hause einführen? Wie kann ich meine Familie motivieren, daran teilzunehmen? Welche Abstände sollen zwischen den Versammlungen liegen?

Die Regeln des Familienrats werden vor allem durch praktisches Training vermittelt und eingeübt. So bekommen Eltern beispielsweise die Aufgabe, gemeinsam mit ihren Kindern ein Familienratbuch anzulegen, in das die Protokolle der einzelnen Sitzungen eingetragen werden. Außerdem wird der Ablauf des Familienrats anhand von Rollenspielen eingeübt, in denen auch schwierige Situationen auftauchen können: Wie kommt man beispielsweise zu einer einvernehmlichen Lösung, wenn es gegensätzliche Meinungen gibt? Wie kann man mit störendem Verhalten einzelner Teilnehmer umgehen?

Trotz unterschiedlicher Ziele und Wünsche kann man zu einvernehmlichen Lösungen kommen.

Familienrat – leicht gemacht

Sollte Ihnen der Familienrat nach Dreikurs zu aufwendig sein, können Sie auch eine vereinfachte Variante anwenden. Verzichten Sie in diesem Fall auf die Tagesordnung und das Protokoll. Es genügt, wenn ein Familienmitglied (jedoch nicht immer dasselbe!) den Vorsitz übernimmt und darauf achtet, dass sich alle Familienmitglieder an die Gesprächsregeln halten: die anderen ausreden lassen und warten, bis man selber an der Reihe ist. Auch einstimmige Beschlüsse müssen nicht unbedingt sein, wenn Ihnen diese Vorgehensweise zu langwierig erscheint. Doch vergessen Sie nicht: Wer bei einem Mehrheitsbeschluss überstimmt wurde, braucht ein Wort des Trostes – und die Aussicht, bei anderer Gelegenheit zum Zug zu kommen.

Das A und O: Respekt und Achtung

Anregungen für einen achtsamen Umgang miteinander

■ Die vorausgehenden Kapitel haben gezeigt: Konflikte mit Kindern lassen sich nicht vermeiden, wohl aber auffangen und in konstruktive Bahnen lenken. Die Grundvoraussetzung ist dabei immer Respekt. Nur wenn wir unseren Kindern Achtung und Wertschätzung entgegenbringen, können wir erwarten, dass auch sie uns mit Respekt begegnen.

Lob und Anerkennung

■ Anerkennung beflügelt und gibt Selbstvertrauen – das kennen wir alle aus eigenem Erleben. Halten Sie deshalb mit Ihrem Lob nicht hinterm Berg, wenn Ihr Kind eine Sache gut gemacht hat. Sagen Sie ihm auch, was genau Ihnen gefallen hat: »Du hast ganz allein den Tisch gedeckt und nichts vergessen. Sogar an die Servietten hast du gedacht, prima!« Damit helfen Sie Ihrem Kind, sich seiner Stärken und Fähigkeiten bewusst zu werden. Und Ihre Anerkennung wird umso größer, wenn Sie bei passender Gelegenheit darauf zurückkommen und Ihr Kind erneut um seine Unterstützung bitten: »Du hast doch neulich so schön den Tisch für unsere Gäste gedeckt – kannst du das heute wieder übernehmen?«

Schulen Sie Ihren Blick für die positiven Seiten Ihres Kindes, indem Sie ganz bewusst auf Verhaltensweisen achten,

Ein Kind verdient genauso viel Respekt wie ein Erwachsener.

Loben – aber ehrlich!

Machen Sie Ihrem Kind stets deutlich, wofür Sie es loben. Ein pauschales »Super!« oder »Toll gemacht!« erregt nur den Verdacht, dass Sie Ihr Lob aus reiner Pflichtschuldigkeit anstatt aus ehrlicher Überzeugung aussprechen. Das macht Ihrem Kind weder Freude noch weckt es seine Motivation. Dasselbe gilt, wenn Sie jede Kleinigkeit durch Lob hervorheben. Damit zeigen Sie, dass Sie schon mit wenig zufrieden sind – und Ihrem Kind offenbar nicht mehr zutrauen. Achten Sie deshalb darauf, dass Ihr Lob stets angemessen ist. Das Kind spürt meistens selber, wie gut ihm eine Aufgabe gelungen ist.

die Sie erfreuen oder überraschen. Es ist für ein Kind ein wunderbares Geschenk, sich von seinen Eltern geachtet und anerkannt zu fühlen. Auch für Sie selbst kann es hilfreich sein, den Blickwinkel zu verändern und die Aufmerksamkeit mehr auf die guten als auf die negativen Dinge zu richten. Mit einem Schuss Humor und einer positiven Einstellung geht nun einmal vieles leichter.

Kritik – auf die Form kommt es an

■ Respekt und Wertschätzung bedeuten jedoch keineswegs, dass man sein

In der Familie lernen Kinder, anderen mit Achtsamkeit und Respekt zu begegnen

Kind nur loben und keine Kritik an ihm äußern darf. Berechtigte Kritik sollte immer möglich sein, sie darf jedoch das Kind in seinem Selbstwertgefühl nicht verletzen.

Wenn Ihrem Nachwuchs eine Aufgabe missglückt ist, packen Sie Ihre Kritik in eine positive, motivierende Aussage: »Ich bin sicher, du kannst das noch besser. Probiere es doch noch einmal!« Generell ist es besser, Kritik in Ich-Botschaften zu äußern: »Ich bin nicht so glücklich darüber, dass ...« Das ist in jedem Fall besser als ein abwertender Du-Satz wie dieser: »Du stellst dich vielleicht ungeschickt an!«

Versuchen Sie, auch dann eine positive Formulierung zu finden, wenn ein Verhalten Ihres Kindes Sie empfindlich stört: »Bitte sprich leiser, wir hören dich auch so!« (statt: »Was fällt dir ein, hier so herumzubrüllen?«)

Vermeiden Sie in jedem Fall, Ihr Kind vor anderen Leuten bloßzustellen. Es ist selbst für Erwachsene schwer zu ertragen, wenn sie vor anderen ihr Gesicht verlieren, erst recht für ein Kind, das sich dadurch herabgesetzt und minderwertig fühlt.

Behandeln Sie Ihr Kind wie ein guter Gastgeber seine Gäste: mit Rücksicht, Höflichkeit, Humor und Taktgefühl. Über ein leicht störendes Verhalten können Sie auch einmal hinwegsehen; es muss nicht alles geahndet werden. Und kleine Missgeschicke, die nicht allzu viel Schaden anrichten, sollten Sie ebenfalls mit Fassung tragen. Sie können jedem mal passieren.

Anstatt Ihr Kind ständig zu korrigieren und zu belehren, machen Sie ihm Mut, trauen Sie ihm etwas zu. Strikte Verbote reservieren Sie am besten für ganz wichtige Fälle.

Selbst Kritik kann motivieren – wenn sie nur richtig formuliert wird.

Mehr Zeit füreinander

Zeit und Aufmerksamkeit lassen sich nicht durch materielle Geschenke ersetzen. Schenken Sie Ihrem Kind daher Zuwendung, anstatt es mit Gütern zu überhäufen. Schaffen Sie Zeitinseln im Alltag, in denen Sie ganz für Ihr Kind da sein können. Wichtig ist dabei nicht so sehr die Dauer der gemeinsamen Beschäftigung, sondern die Freude, die alle Beteiligten dabei haben. Das Kind soll spüren: Ich bin gemeint. Nutzen Sie auch zwischendurch Gelegenheiten, sich mit Ihrem Nachwuchs zu beschäftigen. Wann immer es sich mit Ihrem Zeitplan vereinbaren lässt, versuchen Sie, auf entsprechende Bitten Ihres Kindes einzugehen: »Ich habe noch eine gute halbe Stunde Zeit bis zu meinem Arzttermin. Was möchtest du denn gern mit mir spielen?«

Für ein demokratisches Miteinander

■ Es ist für Ihr Kind eine wertvolle Erfahrung, dass auch seine Meinung berücksichtigt wird. Lassen Sie es daher in familiären Angelegenheiten sooft es geht mitentscheiden (siehe ab Seite 86) oder bitten Sie es um seinen Rat. Holen Sie seine Meinung auf alle Fälle bei Angelegenheiten ein, die es persönlich betreffen, und nehmen Sie seine Vorschläge ernst. Unter Umständen könnten bessere Ideen dabei sein, als Ihnen selber eingefallen wären.

Ihr Kind darf andererseits ruhig wissen, dass jeder Mensch eine eigene Meinung hat, die sich nicht unbedingt mit der von anderen deckt. So kann es bei einer Familienkonferenz erleben,

Ein guter Schuss Humor sollte im Erziehungsalltag nicht fehlen.

dass kontroverse Meinungen im Idealfall zu einer Kompromisslösung führen.

Demokratie erfordert nicht zuletzt Verbindlichkeit. Das heißt, nach einer demokratischen Abstimmung ist es wichtig, dass sich alle Beteiligten an die getroffene Entscheidung halten. Andernfalls könnte das Kind sehr schnell die Motivation verlieren, sich an Familienkonferenzen zu beteiligen.

Ein Wort zum Schluss

■ Nehmen Sie sich immer mal wieder Zeit, um in Ruhe zu überlegen: Was ist mir in unserer aktuellen Familiensituation wichtig? Möchte ich nur der Bestimmer sein und aus Konfliktsituationen als Sieger hervorgehen? Oder geht es mir vorrangig um eine intakte Beziehung zu meinem Kind? Was will ich mit meiner Erziehung langfristig erreichen und wie kann ich mein Kind dabei bestmöglich einbeziehen?

Bedenken Sie dabei, dass selbst die besten Eltern nicht gegen Fehler gefeit sind. Entscheidend sind jedoch nicht die Fehler, die wir machen, sondern wie wir mit ihnen umgehen: Durch Einsicht, Entgegenkommen und Versöhnungsbereitschaft geben wir unseren Kindern Mut und Selbstvertrauen.

Jeder Mensch braucht das Gefühl, geliebt und angenommen zu sein – Kinder noch mehr als Erwachsene. Geben Sie Ihrem Kind immer wieder diesen Rückhalt. Dann bleiben Sie sein fester Anker und sind gleichzeitig (um auf den Vergleich von Jesper Juul, Seite 7, zurückzukommen) der Leuchtturm, der ihm Orientierung gibt. <<<

Bitten eines Kindes an seine Eltern

Wie können Eltern mit Konflikten ihres Kindes konstruktiv umgehen?
Die folgenden Merksätze aus der Sicht eines Kindes hat Vicki Soltz, die Co-Autorin
von Rudolf Dreikurs' Erziehungsklassiker »Kinder fordern uns heraus«, schon vor
Jahrzehnten formuliert. Sie haben bis heute nichts an Aktualität eingebüßt.

- Hab keine Angst, bestimmt mit mir umzugehen. Ich ziehe es vor,
  dann weiß ich nämlich, woran ich bin.

- Zwing mich nicht. Das lehrt mich, dass nur Macht zählt.
  Ich reagiere besser auf Anleitung.

- Falle nicht auf meine Herausforderung herein, wenn ich etwas sage
  oder tue, um dich aus der Fassung zu bringen. Dann werde ich
  nämlich versuchen, noch mehr Siege zu erringen.

- Mach nicht, dass ich mich kleiner fühle, als ich bin. Dann werde
  ich mich nämlich wie ein »toller Kerl« benehmen.

- Tu nichts für mich, was ich selber tun kann. Dann fühle ich mich
  wie ein Baby und werde dich weiterhin in meinen Dienst stellen.

- Befasse dich nicht zu sehr mit meinen schlechten Gewohnheiten,
  das veranlasst mich nur, sie zu behalten.

- Versuche nicht, mein Benehmen während eines Streits zu besprechen.
  Aus bestimmten Gründen kann ich zu diesem Zeitpunkt nicht gut zuhören
  und meine Mitarbeit ist noch schlechter. Du kannst ja handeln,
  aber sprechen sollten wir später.

- Versuche nicht zu predigen. Du würdest dich wundern,
  wie gut ich weiß, was richtig oder falsch ist.

- Sag mir nicht, dass meine Fehler Sünden sind. Ich muss lernen, dass ich
  mir Fehler erlauben kann, ohne deshalb zu glauben, dass ich schlecht bin.

- Nörgle nicht. Um mich zu schützen, muss ich tun, als ob ich taub wäre.

- Verlange keine Erklärung für mein falsches Benehmen.
  Ich weiß wirklich nicht, warum ich es getan habe.

- Stelle meine Ehrlichkeit nicht in Frage.
  Ich bekomme leicht Angst und erzähle Lügen.

- Schütze mich nicht vor den Folgen meines Verhaltens.
  Ich muss aus Erfahrung lernen.

- Denk nicht, es sei unter deiner Würde, dich bei mir zu entschuldigen.
  Eine ehrliche Entschuldigung erzeugt in mir warme Gefühle dir gegenüber.

Quelle: Vicki Soltz, Study Group Leaders Manual, 1967, Adler School of Professional Psychology, Chicago

Zum Weiterlesen

■ **Marit Borcherding, Sebastian Bröder, Gerlinde Unverzagt**
Kleine Kinder – große Gefühle So unterstützen Sie Ihr Kind
Verlag Herder 2008
Dieses Buch zeigt, wie Eltern mit ihrem Kind vier zentrale Bereiche in der Erziehung positiv bewältigen können: Grenzen setzen, Wut, Streiten lernen und Kinderängste.

■ **Manfred Cierpka**
Faustlos – Wie Kinder Konflikte gewaltfrei lösen lernen
Verlag Herder 2005
Das Buch zum erprobten Programm an Kindergärten und Grundschulen; ein hilfreicher Begleiter für Eltern, die ihre Kinder bei der »faustlosen« Lösung von Konflikten unterstützen wollen.

■ **Rudolf Dreikurs**
Familienrat
Klett-Cotta Verlag 2003
Das Buch zeigt, wie Konflikte in der Familie durch praktizierte Demokratie und Gleichberechtigung aller Familienmitglieder zu lösen sind, wodurch sich das Zusammenleben in der Familie harmonischer und glücklicher gestalten lässt.

■ **Rudolf Dreikurs, Loren Grey**
Kinder lernen aus den Folgen
Verlag Herder 2010
Was tun, wenn Kinder nicht auf ihre Eltern hören wollen und sich absolut unmöglich benehmen? Der erfahrene Kinderpsychologe gibt überzeugende Antworten und verrät, wie sich Eltern sinnloses Schimpfen und Strafen sparen können.

■ **Rudolf Dreikurs, Vicki Soltz**
Kinder fordern uns heraus. Wie erziehen wir sie zeitgemäß?
Klett-Cotta Verlag 2009
Dieser Erziehungsklassiker erläutert wichtige Erziehungsprinzipien; er will gestressten Eltern Mut machen, ihren Kindern mehr Autonomie zuzubilligen und sie aus den Folgen ihres Verhaltens lernen zu lassen.

■ **Wolfgang Endres**
Geschwister ... haben sich zum Streiten gern
Beltz Verlag 2005
Das Buch bietet praktische Ratschläge eines streitgeplagten Familienvaters und Erziehers und solides Handwerkzeug für Eltern von 3- bis 16-jährigen Geschwistern, die sich für ihr Leben gern streiten: viele Tipps, Anregungen und einleuchtende Erklärungen, warum das mit dem Streiten dringend sein muss.

■ **Ben Furman**
Ich schaffs! Spielerisch und praktisch Lösungen mit Kindern finden – Das 15-Schritte-Programm für Eltern, Erzieher und Therapeuten
Carl-Auer Verlag 2008
Kinder haben keine Probleme – nur Fähigkeiten, die sie verbessern können, so der Tenor dieses Buches, das Kindern vom Vorschulalter bis in die Pubertät hilft, diverse Schwierigkeiten spielerisch zu überwinden.

■ **Thomas Gordon**
Familienkonferenz
Heyne Verlag 1989
Das Standardwerk für Eltern, die lernen wollen, ihren Kindern aktiv zuzuhören und resprektvoll mit ihnen zu kommunizieren.

■ **Jesper Juul**
Das kompetente Kind
Rororo 2009
Der dänische Kinderpsychologe zeigt, wie die sozialen Fähigkeiten von Kindern das Familienleben und die Erziehungspraxis bereichern können. Ein erfrischendes Plädoyer für kindliche Selbstbestimmung.

■ **Rosemarie Portmann**
Die 50 besten Spiele für mehr Sozialkompetenz
Don Bosco Medien 2010
Eine bunte Sammlung von Spielen für Kinder im Kindergarten- und Grundschulalter: Spiele zum Kennenlernen, zur Integration, zum besseren Zusammenhalt, zum Umgang mit Konflikten und zum Wohlfühlen.

■ **Jan-Uwe Rogge**
Wenn Kinder trotzen
Rowohlt Taschenbuch 2006
Elternberater Jan-Uwe Rogge ist bekannt dafür, dass er oft mit überraschenden Vorschlägen einen Weg aus schwierigen Erziehungssituationen weist. In diesem Buch erklärt er, welche Ursache die oft ausbruchsartigen Zornanfälle haben und wie sich Eltern behutsam und bestimmt in dieser anstrengenden Lebensphase ihrer Kinder verhalten können.

■ **Theo Schoenaker, Julitta Schoenaker, John M. Platt**
Die Kunst, als Familie zu leben
Verlag Herder 2000
Ein Erziehungsratgeber nach Rudolf Dreikurs, der Eltern hilft, eine entspannte Beziehung zu ihren Kindern aufzubauen, und konkrete Hilfe bei vielen Alltagsproblemen bietet.

■ **Petra Stamer-Brandt**
Wut-weg-Spiele
Verlag Herder 2010
Eine Vielfalt an Spielen und Ideen, die Kindern zwischen drei und zehn Jahren bei Wut und Ärger helfen können, mal richtig Dampf abzulassen, aber auch Teamgeist zu entwickeln und eigene Stärken zu entdecken.

Zum Weiterlesen

■ Rita Steininger

Eltern lösen Konflikte. So gelingt Kommunikation in und außerhalb der Familie.
Klett-Cotta Verlag 2006

Wo Kommunikation gelingt, lassen sich Konflikte leichter lösen, manchmal sogar ganz vermeiden. Dieses Buch stellt wirksame Methoden vor, mit denen Eltern ihr Gesprächsverhalten verbessern und mit Worten überzeugen können.

■ Rita Steininger

Kinder lernen mit allen Sinnen. Wahrnehmung im Alltag fördern
Klett-Cotta Verlag 2005

Eine Fülle von Spiel- und Fördermöglichkeiten für alle sieben Sinne.

Einleitend werden die Hintergründe von Wahrnehmungsentwicklung und Wahrnehmungsstörungen verständlich erläutert

■ Rita Steininger

Auf kleinen Füßen in die Welt. So entwickelt sich Ihr Kind im Kindergartenalter
Verlag Herder 2010

Entwickelt sich mein Kind altersgemäß? Dieses Buch gibt Auskunft und hilft Eltern, ihr drei- bis sechsjähriges Kind in seiner Entwicklung optimal zu begleiten; mit Übersichtstabellen zu Entwicklungsbereichen und vielen praktischen Fördertipps.

■ Gertrud Teusen

Das Trotzalter
Urania Verlag 2009

Dieses Buch hilft Eltern, die Trotzphase als wichtigen Entwicklungsschritt zu verstehen, das Verhalten ihres »Trotzkindes« gelassener zu nehmen und häufige Klippen im Familienalltag erfolgreich zu umschiffen.

■ Christine Wermter

Die 1-2-3-Formel. Erziehen mit Disziplin und Liebe
Gräfe und Unzer Verlag 2011

Ein wunderbarer Ratgeber, der die 1-2-3-Methode von Thomas W. Phelan verständlich beschreibt und sie mit Humor und erfrischender Offenheit anhand von typischen Beispielen aus dem Erziehungsalltag erläutert.

Informations- und Beratungsmöglichkeiten

■ Familienhandbuch des Staatsinstituts für Frühpädagogik (IFP)
Auf dieser Internetseite werden Fragen zu Entwicklung, Erziehung, Gesundheit, Förderung, Schule, Beruf und Freizeit beantwortet.
www.familienhandbuch.de

■ Familienrat-Training nach Dreikurs
Der Verein für praktizierte Individualpsychologie e.V. (VpIP e.V.) informiert auf dieser Internetseite ausführlich über den Familienrat nach Rudolf Dreikurs und richtet sich an „Kinder und Jugendliche, Väter und Mütter, Lehrer und Erzieher, Omas und Opas – an alle, die zusammen leben oder lernen und die gern freundlicher miteinander umgehen möchten."
www.familienrat.eu

■ Ich schaff's®
Ich schaff's® ist ein lösungsfokussiertes Lern- und Arbeitsprogramm für Kinder und Jugendliche. Es wurde von Ben Furman und Tapani Ahola in Finnland entwickelt und von Thomas Hegemann ins Deutsche übertragen. Die Internetseite informiert über das Programm der Methode, die Veranstaltungen und Materialien.
www.ichschaffs.de

■ Faustlos
Faustlos ist ein für Schulen und Kindergärten entwickeltes wissenschaftlich evaluiertes Gewaltpräventionsprogramm. Die Internetseite liefert Informationen zur Geschichte, Fortbildungen, Materialien, Publikationen und Praxisberichten des Programms.
www.faustlos.de

■ Bundeskonferenz für Erziehungsberatung e.V.
Tel.: 0911 / 97 71 40
E-Mail: bke@bke.de
www.bke.de

■ Bundesverband für Erziehungshilfe e.V.
Tel.: 0511 / 353 99 13
E-Mail: info@afet-ev.de
www.afet-ev.de

■ Bundeselternrat
Tel.: 0228 / 269 92 63
E-Mail: info@bundeselternrat.de
www.bundeselternrat.de

■ Pro Familia Bundesverband
Tel.: 069 / 63 90 02
E-Mail: info@profamilia.de
www.profamilia.de

Die Autorin

Rita Steininger
arbeitet als freie Lektorin und Sachbuch-Autorin
mit den Schwerpunkten Gesundheit, Erziehung
und Entwicklungsförderung; daneben schreibt sie
auch Sachbücher für Kinder.
Sie hat zwei Söhne und lebt mit ihrer Familie
in München. Weitere Informationen unter
www.rs-textredaktion.de.

Impressum

»Ihr seid alle so gemein!« ist ein
Sonderprodukt der Zeitschrift mobile und des Internetauftritts
www.mobile-elternmagazin.de.

Alle Rechte vorbehalten – Printed in Germany
© Verlag Herder Freiburg im Breisgau 2011
www.herder.de

Titelfoto: Wolfgang Flamisch / Corbis
Fotos Innenteil:
Seite 6, 25, 43, 63, 70, 80, 83: Heidi Velten, Leutkirch-Ausnang
Seite 11, 12, 21, 58, 76, 91: Getty Images
Seite 19: Monika Adamczyk / Fotolia
Seite 31: Dron / Fotolia
Seite 34: Acito / iStockphoto
Seite 38: Knipserin / Fotolia
Seite 51: Somenski / Fotolia
Seite 55: Ulrich Niehoff, Bienenbüttel
Seite 66: Steve Debenport / iStockphoto
Seite 86: Wojciech Gajda / iStockphoto

Illustrationen: Eva Czerwenka
Layout und Satz: Büro MAGENTA, Freiburg
Druck und Bindung:
fgb • freiburger graphische betriebe, www.fgb.de
Gedruckt auf chlorfrei gebleichtem Papier

ISBN: 978-3-451-00643-2